南懷瑾文化

答問青壯年參禪者

南懷瑾／講述

新版說明

《答問青壯年參禪者》這本書，在所有南懷瑾先生出版的書籍中，是惟一的一部與出家參禪者對話的記錄。此書出版十年以來，有不少修行人表示，「得益很多很多」。

現於修訂重新出版之際，想到當年參加那次盛會的僧眾們，不免聯絡那次促成此會的古道師，希望得到一些大家的消息。豈知古道師說，自從七、八年前加入洞山祖庭修建之事，百忙中少與昔日道友聯繫，且修行人散居各地，難免疏於互動，事實上也因不願打擾彼等的修行也。

惟古道師另談及足堪告慰之事，乃洞山祖庭，經過數年漫長重修，已漸趨完善。猶憶南師曾囑古道師，俟洞山修復後，仍以修行道場為主，以維護禪宗文化為旨為宗。

今見洞山修復後，一切已平穩上路，今年元月底春節時，且開始了禪七法會活動，各方道友聞悉雀躍，實二〇一七年之可喜可賀大事也。故趁此機

緣，與讀者分享佳音。

劉雨虹 記
二〇一七年元月

出版說明

在南師懷瑾先生說法指導修行者的歲月中，這本書的記錄內容，是最為引人入勝的。因為，這裡參加的，多數是認真修持的出家僧眾。

一般愛好佛法的人，都聽了很多經典的講解，自己不免覺得明白了，好像都知道了，也許自己也在修持；但是，如果看了這本書中南師與行者的對話，你的悟解和感受就會忽然不同了。

因為，僧眾們的修證過程，他們提出來的問題，再加上南師的指引，一切都是活生生的，令人感動，令人喜悅，令人鼓舞，更令人慶幸這個機緣。

面對真心修證的僧人們，針對各人的情況，南師有不同的分析和解說；他的教導，反映佛法實證的精髓；而行者們述說的經歷，則顯現出修行路途中不自知的各種問題；許多也是讀者自己的問題，平時都不知怎麼問，向誰問！

這裡，經過南師的解釋、引導、激勵，聽者和讀者，會對諸多問題的關鍵點，豁然開朗。

比如說，很多人會安那般那數息法門。但是，是數入息呢？或是數出息？如何隨息？這一步反應又如何？對與不對之間，頗有竅門。南師都於極微細處，深切交代方法。

再看到行者們的努力過程，更是莫大的啟示；所以此書反覆讀來，如沉浸於修行三昧，使人油然而發自省心、精進心、感恩心。

又，當中記述南師的嬉笑怒罵，淋漓盡致，那是大禪師的手眼，讀者或與天龍八部同觀，歡喜讚歎吧！

再者，南師自稱白衣，向不以師位自居，此次名 古寺之有品有德行者，不恥下問，精進坦誠，令人敬佩。本書之印行，為尊重佛法僧三寶故，特隱參學行者之大名，而以代號替之，他日因緣聚會，展現龍象之姿者，必可期待於彼等也。

宏忍師參與此次黑板書寫服務，以及文字記錄整理工作，另外杜忠誥先生以及張振熔、謝福枝、謝錦揚諸同修等，辛苦幫忙校對，在此一併致謝。

書中內容提要為編者所加。

劉雨虹 記

二〇〇七年六月 廟港

目錄

第二天　二〇〇五年十二月十七日　133

第五堂

425

什麼是漏

三脈七輪和六道

離別前

第一天

二〇〇五年十二月十六日

第一堂

內容提要

居士與菩薩
楊仁山居士
熊十力的學院
說王陽明
王學影響日本
王學的問題
《禪海蠡測》的話題
禪堂與香板

現在我們這裏沒有什麼形式，不是打七，也不是參禪。這次的事情，都是我們的老朋友古道師鬧出來的。古道這位師父專門鬧事情，都是找我麻煩的。他提倡少林寺要恢復禪堂，因此請大家來，讓我們互相討論一下。

首先要了解，我不懂禪，也不懂佛，什麼都不懂，亂七八糟只會吹牛的一個人。他們上當了，聽我亂吹。也許我的年紀比你們大一點，人活老了就變精怪了。我自己經常引用孔子講的話，老而不死謂之賊；人老了，老賊一個。

這次請大家來，是準備做個討論的。諸位不要搞錯了，不是聽我講課哦！我沒有資格講課，也沒有資格做老師，不是善知識啊，但也不是惡知識。這一點千萬要了解！尤其我們這次很特別，不是你們向我請教，是我向你們請教，這些都要首先了解的，我先交代清楚了。

中國的習慣，出家人不喜歡向在家人請教佛法，這是中國佛教很有趣的一個矛盾。我講矛盾是客氣話，應該說這種習慣是非常錯誤的。你們看中國禪宗，影響佛教比較大的著作，許多都是居士的作品，譬如禪宗最流行的《指月錄》，是瞿汝稷居士的作品。換一句話說，出家人沒有時間，光管修

行就夠忙的了，佛教的弘揚卻靠居士。

所以當年有一個人這樣講，我是最贊成的，就是歐陽竟無先生（一八七一－一九四三），諸位聽到過嗎？我再給你們介紹，他是金陵刻經處楊仁山先生（一八三七－一九一一）的弟子。楊仁山居士的父親，跟曾國藩是同學，這個一講一百多年了。那個時候洋文化來了，滿清要垮了，楊仁山居士的父親就推薦自己的兒子去找曾國藩。正好，慈禧太后派曾國藩的兒子曾紀澤到英國去做大使，開始中國的第一個國際外交。曾國藩看到楊仁山說，你跟我兒子一起到國外去吧。那個時候出國，不得了，不是留學哦，是做外交官，就這樣一起到了英國。

他到了英國以後，才接觸到佛學，在國內反而是不學佛的，而且反對佛教。後來一路跟隨曾紀澤轉到了日本，日本那個時候，正流行中國的學問。這裏告訴出家同學們，一定要注意，日本的明治維新，是靠中國什麼學問呢？王陽明的學問。王陽明是明朝儒家裏頭的禪宗，是最了不起的，中國文化叫「王學」。日本當時也推翻了舊的文化，接受新的文化，他們之所以有

今天，用的是「王學」起家的。

現在講到王陽明，中間岔過來是要大家注意。王陽明年輕時也學佛；究竟是參禪，還是修天臺宗什麼的，不知道，總歸他學佛，也學道家的。他靜坐得比我們一般出家的好多了，坐得有了眼通；他的朋友要來看他，半個月以前他就知道了。時候一到，他就去幾里外等這個朋友。

「哎，你在這裏幹甚麼？」

「我來接你啊。」

「你怎麼知道我會來？」

「我早就知道你今天會來。」

他常玩這個本事，道家、禪都玩得很好。最後忽然不玩了，他說，玩這些本事，只是自己「玩弄精神」而已。他是走禪宗明心見性的路線開始，最後他用儒家的話，講心性之學。

這個事情你們要特別注意，直到現在王學還影響中國，影響東方也非常大。所以到了明朝末年，很多和尚是跟著王陽明學禪的，就是所謂直指人

心，見性成佛。王陽明學問的重點是「即知即行，知行合一」，意思是說，我們能知之性，有個思想，有個知道，見聞覺知就是心。知道那個對的就該去做，不需要有分別去考慮，即知即行。日本人採用了他知行合一這個原則，融合了西方、東方文化，才有了明治維新，開創了一個新的時代。

因為時間關係，我只做簡單的介紹，王學還有個道理的，你們這幾位大師們，要特別注意啊！你聽了這個王學，將來接引知識份子、學者，你們就有本事啦！不然你講到禪宗，一提王學，什麼都不知道，那不行的啊！尤其你們年輕學白話教育出來的，這些都不知道，那是不可以的。

你們學禪，要參考王陽明的四句教，「無善無惡心之體，有善有惡意之動」，第三句話：「知善知惡是良知」，這個良知良能，是《孟子》裏頭提出來的。譬如我們的知性，大家今天坐在這裏盤腿，自己知道在盤腿，現在聽到了記錄，是自己的知性。第四句話：「為善去惡是格物」，作人是為善去惡，是戒律。這四句教是王陽明學說的主旨，你看他學過禪沒有？當然學過禪，對禪很清楚啊。

我現在又岔過來，跳了三、四岔了。可是後來我在教這個課的時候，反對王陽明，批評他了；我說他沒有大徹大悟，沒有見道。他參禪破了第六意識，分別心不起了，第七識影子都沒摸到，第八識更談不上。換句話說，參禪他破了初關了，什麼是重關也不懂，更談不上破末後牢關。

我當年公開批評他時，那是很嚴重很危險的，等於在共產黨裏頭反對毛澤東！因為當時蔣介石委員長，他提倡的是王學，他是校長，我是教官，我上課公開講王陽明不對，講他沒有徹底悟道，但我講出了理由：

「無善無惡心之體」是根據六祖慧能來的，你們都知道那句話吧？慧能大師不是拿著衣缽，回到廣東嶺南嗎？我請問你們知不知道，你知道就點頭，免得我費事嘛！不知道我就補充一下，不要客氣，我們是討論，隨便談話，都知道就不要解釋是吧？當時六祖接引那個什麼人？（答：惠明禪師）對了！這樣講話就痛快了，不要那麼嚴肅。

惠明看到六祖，六祖說：「你為了衣缽，你拿啊！」他拿不動，這一下他就傻了。「師父啊，我不是為衣缽而來，是為法而來。」哦！既然為法

而來，他就說法接引他。你們都看過《六祖壇經》嗎？（答：看過）下面怎麼記載的？這考問你們了。古道師已經告訴過你們，我講課隨時出問答題的啊！不是光講光聽的。

他說：「上座啊！」客氣話，就是說法師啊！等於你們跟我對話，尤其學禪宗，讀語錄，完全變成對話就對了，像演電影一樣，當場表演的，不是講空話。你們一個人站出來，我就冒充六祖，你們冒充惠明。六祖說：「不思善，不思惡」，現在你什麼都不要想，好的不想，壞的不想，一切都不想。六祖教他這樣做，當然惠明照這樣做了一下，他真的辦到了。「正與麼時」，就是這個時候，用福建廣東話就是「咁樣」的時候，正是什麼都不想，一切都放下了，這個時候，「哪個是明上座本來面目？」哪一個是你的本來面目？因此惠明禪師開悟了。這個「哪個」就是疑情，是問號；可是一般後世學禪的看了《壇經》，都看成是肯定的句子。以為六祖說，你不思善，不思惡，正這個時候，「那個」就是你本來面目。那是錯了！以為修到最後沒有分別心，沒有妄想，不思善不思惡，達到這樣就悟道了，完全錯

了。六祖原文沒有這樣講，是不是？你們都看過嘛！

王陽明第一句話，「無善無惡心之體」，我說他錯了，他沒有徹底的開悟，只見到一點清淨，你們打坐的時候都碰到過的；就是坐得好的時候，沒有妄想，也沒有想什麼，可是都明白，清清楚楚的，好像這個是對了，不過你們不敢承認而已，對不對？好像那個稀飯煮得很稀，一端來「噓噓」一吹，米漿吹開了，看到裏頭有幾顆米，這比方叫作「吹湯見米」，你聽懂嗎？好像把分別心打開了，咦咦！咦咦！很清淨，就是這個。

這是第六意識分別妄想不起了，可是那個清淨也只是心的一面啊！大家看《六祖壇經》學禪的，同王陽明一樣，認清淨心就是本體心，都走了這個錯路，所以我說王陽明錯了。「無善無惡心之體」，認為心性的本體，就是無善無惡，這個是什麼佛啊？只能叫糊塗佛！我常說笑話，呼圖克圖，糊里糊塗。政府封西藏喇嘛活佛叫呼圖克圖，叫錯了就是糊里糊塗。

你們注意！這叫作參禪，不是思想噢！你們學禪要曉得參，參就是追問，叫起疑情。再看第二句，他說「有善有惡意之動」，我們心性是無善無

惡的，這個念頭一動就有善有惡，對不對啊？對，他講的也對。那我就要問了，請問：那個本體既然無善無惡，這個一動念有善有惡，這個有，這個作用，是不是從體上來的啊？（答：是啊）那可見體上有善有惡了，「用」離不開「體」的，「有善有惡意之動」，用一動就有善惡。好，你說「無善無惡心之體」，本來空的，「有善有惡意之動」，那體豈不是兩個了嗎？一個是不動的，一個動的，對不對？（答：是）

第三句「知善知惡是良知」，這是第三個了，這個像是包子裏有三個餡了，有青菜蘿蔔，還有牛肉呢！「無善無惡心之體，有善有惡意之動」，這一動就是體上來的，可見體本來有善有惡，一動它就能分別啊。你另外加上這個良知，還有個知道，當我意動的時候，我們想一個事情善惡的時候，我們心裏知道不知道？（答：知道）這一知，是不是本體來的？是啊！所以說，把它分成三個了。

「為善去惡是格物」，第四句話不管，是行為上的，都對。修行，是修正自己心理行為，每天都是諸惡莫作，眾善奉行，為善去惡，行為上都是對

的。儒家也好，佛家也好，道家也好，基督教也好，天主教也好，伊斯蘭教也好，所有的宗教都是教人不做惡，向善方面走。

可是王陽明的知行合一學說，這一套在日本，卻起了這樣大的作用，成就了日本明治維新，影響全世界文化思想，所以日本當年王學同佛學一樣，都非常流行。我講的話有邏輯，你們注意，現在不是講王陽明，是介紹楊仁山先生到日本去，正碰到日本那個時代，一般留學生在那裏都接觸到佛學了，接觸到心性之學，包括所有的國民黨、共產黨，這個你們就不懂了。

所以研究這一百年的歷史，我今年九十了，再倒回去，一百二十年前，在虛雲老和尚的那個階段，那時的知識份子，不管好的壞的，不管共產黨國民黨，都共同有一個心思，就是救世救人，救國家救民族。最初的動機都是這個，所以才鬧革命。至於革命成功以後，政治做法錯誤不錯誤，行為上的好壞，我們不談，這個不是跟你們討論的了。

所以，楊仁山先生那個時候到日本，一下就學佛了。回來官也不做了，開始提倡佛學，專門講佛學，又在南京毘盧寺辦「金陵刻經處」，我都去過

的，現在還在木版印經的。回轉來講，像歐陽竟無、梁啟超這些人，都是他的學生，很多都來跟他學佛，研究佛學。因為當時中國佛學已經不行了，他起來提倡。但是八指頭陀還在哦！那時太虛法師還是年輕小和尚，歐陽竟無是資格很老了，於是佛學才開始大流行。

後來推翻滿清，民國起來，對中國佛教影響大的，又是居士了；靠的是楊仁山居士，包括太虛法師這些人，都是金陵刻經處出來的。楊仁山居士死了以後，他的學生歐陽竟無，辦一所支那內學院（一九二二）。那也是日本式的，日本人把中國叫作支那，就是英文的China；內學院是專門研究佛學。當年太虛法師想見歐陽竟無，他根本不見。他說，他（太虛）懂什麼啊！就是這麼傲慢。

我現在講的話，你們看到扯得很遠，說得很鬧熱，但是有個主題的！楊仁山居士的學生熊十力，現在一般講新佛學，新儒家的學者們，多半都是熊十力的徒子徒孫輩。

歐陽竟無先生辦支那內學院很多年，很可憐，我很佩服他，跟他學佛

的人出家的很多。他有個習慣，出家人見他不跪下來拜，他馬上把你趕出去了，他就罵人：「你們傲慢，出家人不拜居士啊！佛的戒律規定，出家人可以不拜居士，可是戒律也有個規定，要拜善知識；我是善知識啊，善知識不分在家出家的啊！」可是出家人給他一拜呢，你還沒有跪下來，他先跪下來拜你了。這一點行為我很贊成他，就是說，要除去出家人的那個慢心，那個我慢。

出家人不拜白衣居士，是戒律，可是出家人不拜善知識也犯戒啊，那是大乘戒。可是你真拜他，他不接受，反而拜你了；可是你不拜他，他就把你趕出去了，就是這麼一個人。

這個故事一連串說到善知識，現在重點收回來，我不是善知識，千萬不要搞錯，也不是惡知識，不過年齡大一點，告訴你們一些經驗。現在話說回來，先說了這些零碎的故事，這個邏輯系統你注意到了吧！我不是跟你們亂扯，為了善知識這一句話，講那麼多故事出來，是怕你們聽不懂這句話，兼帶說明中間的過程，告訴你們其中的關聯和影響。

回過頭來講這一次的事情，是古道師鬧出來的，說什麼嵩山少林寺要恢復禪堂啦！少林寺什麼時候有過禪堂？我還真不大清楚，少林寺沒有禪堂啊！現在講禪堂，就要問你們，禪堂在中國什麼時候開始的？這是個大問題。

我們都曉得，禪宗是從達摩祖師傳來的，達摩祖師沒有設立禪堂吧？（答：沒有）那麼五宗宗派也很少提到禪堂吧？（古道師答：後來有五家的鐘板）也設禪堂嗎？沒有禪堂。禪堂什麼時候開始？香板什麼開始？都要搞清楚。現在一到禪堂，就拿起香板亂打人。依我看來，打坐姿勢也不對，禪堂也不對，行香也不對，什麼都不如理不如法。換句話說，本身都不合規矩，就是不符合佛的規定，所以我們要在這裏討論。

你們還年輕，如果還有機會給你們開創一個新的時代，一個新的禪文化，我提出來這幾個很嚴重的問題，你們必須要搞清楚。等於昨天晚上，你們的方丈大和尚在這裏，我問古道師，少林的禪堂，修得怎麼樣？（答：原來已經有）是不是悶在中間，四面不通風？他說是這樣。光線暗暗的，空氣

也不流通，幾十個人在裏頭打坐，然後一天還吃三四頓，點心吃得消化不了，上面打嗝「呃」，下面放屁「噗」！五味雜陳，裏頭各種味道都有，自己習慣了不覺得。我說這叫禪堂嗎？一個修行的地方，光線配備，空氣的調和都很重要。

禪堂裏頭原本沒有佛像的，後來變成中間有個佛龕，然後為了行香轉圓圈，靠近佛像旁邊這隻手，走起來要少動，另一手多動，身體個個搞得歪東倒西的，體形都搞壞了，這叫什麼佛法？這種佛法我是不會來學的！連這個生理都不懂，佛不會這樣教的。然後你看到，香板到處打人，尤其日本更嚴重。到日本學禪的，還要跪在師父前面，請師父先幫我打吧，痛打一頓消業啊！嘿，打了一頓，打傷了，只有罪業更重，當然要醫了。什麼消業啊？香板是打人的嗎？都不對啊！這些理由，我們要根據歷史來討論，要知道什麼是修行。

所以我昨天晚上跟他們說，你們的禪堂一定是這樣吧？古道說，差不多。我說那你們不要再花錢修禪堂了，等我廟港那個新的禪堂修好，再做參

考。首愚法師聽了我的話，在臺灣搞了一個禪堂，最新的設計，已經完成了，他們拿錄影帶來，我一看，還是不行，還要研究。我現在廟港有個講堂，也做禪堂，最新設計，冷暖空氣都要調好，修行不是享受，但是修行離不開與自然的關係。如果衛生一切都搞不好，那是不行的。所以跟你們討論這個禪堂的問題。

今天下午，我一聽你們幾位年輕大師們都來了，我就急了，要大家先上來。等一下再討論這些問題，就是關於禪堂外形的規矩，怎麼樣用功？內在又怎麼樣參禪等等。我從年輕出來，這個事情也摸了幾十年了，我把這幾十年經驗，講給你們做參考。對不起啊！千萬不要認為我教你們什麼，我沒有，我只是做一番報告。

昨天你們那個方丈師父講：「老師啊！你的著作影響很大啊！」我說那些都不算。我的著作一大堆，我真正寫的一本書是《禪海蠡測》，你們看到過沒有？尤其你（僧甲）看懂了嗎？我想你們一個都看不懂。所以你們要真正了解南懷瑾，連一本《禪海蠡測》都沒有看懂，還談什麼呢！所有的書都

不算數，就是這一本。

為什麼出這本書呢？這一本還是專門對付日本人講禪宗的，現在一講都五十年了。這是我們到臺灣以後的事。日本自從二戰被美國人打垮了以後，要用文化來征服別人，所以有意培養了兩個人，叫他們到美國去弘揚禪宗。一個是禪宗和尚宗演，當時八九十歲；一個是居士鈴木大拙。日本天皇政府每年津貼鈴木大拙不少錢，要他在那裏提倡禪宗。他討個美國太太，所以英文很好，在美國大弘揚禪宗。這當中有這麼個秘密，中國人不知道。

我們這裏呢，虛雲老和尚在雲居山被打昏死了以後，重新活轉來了。他是我的皈依師父，當時虛雲老和尚在重慶，我們兩個曾在重慶相處幾天，他的首座叫作顯明法師，現在還在美國，九十多歲了，他是東北人，天臺宗四十五代的傳人，我幫他辦好手續到美國去的。他曾告訴我說，你回中國，我就跟你回去，現在他還沒跟我回來。

講到《禪海蠡測》這本書的內容，是我當時為了對付鈴木大拙；他曾批評中國的學者胡適不懂禪。可是我沒有批評人，只把中國禪宗東西拿出來，

這是我真正的寫作，且牽涉到中國的儒家道家；牽涉到打坐修行，修定與修慧；牽涉到生死問題，怎麼樣了生脫死；牽涉到科學、哲學、宗教等等的問題。現在看起來都很簡單，可是當年我初到臺灣，寫這本書的時候很可憐，手邊沒有參考書啊！

所以有個學者問我：南老師啊，你寫書，《五燈會元》《傳燈錄》都不引用，專門引用《指月錄》，為什麼這樣推崇《指月錄》呢？唉喲！大家不知道，我有個痛苦，初到臺灣，什麼書都沒有，只有一本《指月錄》，而這本《指月錄》還是我買的。那時張學良關在臺灣，我還在成都。張學良突然要學禪宗了，看守張學良的那個將軍叫劉乙光，湖南人，叫我師兄，他也暗中在學佛。當時我在成都，他寫封信給我，要我趕快買一套禪宗最好的書，寄到臺灣來，因為張學良要學禪宗。我接到信，正要離開成都，我笑了，憑張學良他有資格談禪宗？可是劉乙光叫我買，我不能不買啊，到文殊院的印經處，給他買了一套《指月錄》，寄到臺灣。

天下的因緣很奇怪，臺灣根本沒有禪宗的書，那個時候什麼書都買不

到。我到了臺灣以後，碰到劉乙光，我說：「張學良還在學禪嗎？」

「唉呀，他學個什麼禪啊？他怎麼學得進去啊！」我說：「那你為什麼叫我買書來給他？」

「他要學什麼，上面就叫我辦，我只好給他買啊！他現在研究明史了，政府找了一個學者周念行教他明史，而且信基督教了。」

這位姓周的也是我們的朋友，書讀得好，一目二十行。南方福建、浙江「二十」音「念」，所以我們叫他「二十行」。

我說：「這樣啊，正好我沒有書，你把那套書還我吧！」所以我手邊只有禪宗一套《指月錄》，其他的沒有幾本參考書，就憑記憶寫。所以講寫作做學問，教你們讀書要背才行。我那個時候很可憐，還有兩三個孩子，太太還在等米下鍋，怎麼辦啊？搖籃裏一個孩子，這個腳在推搖籃，旁邊站一個孩子在哭，手裏抱一個孩子，還在寫書。在這麼窮苦的環境下，三個月當中，每天寫六七千字，寫完了幾十萬字；現在做不到了。你們年輕出家的注意啊，天天說讀書，現在要你們一天寫兩三頁報告給我，都很痛苦；不是沒

有東西寫，是寫不出來，不會寫。

禪宗究竟要不要打坐？禪宗與修禪定有什麼關係？禪宗究竟講不講氣脈？禪宗是不是要參話頭？禪宗能不能修密宗？同密宗什麼關係？同道家什麼關係？在這本書裏，全部都講了。現在你們都說看過南懷瑾的書，那我請問你們，哪個看過這一本？這位師父（僧甲）峨嵋山下來的，他還叫我師叔，叔個啥子！你這一本書都沒有看懂，還說是在修行。禪宗很多真正的東西在這本書裏，可是你們看不懂，這是禪。呵！

小朋友（僧甲），你身體好多了！好幾年不見你了，有幾年了？這是李居士幫你的忙，讓你參加這次聽課，是吧！

我們先講到這裏，大家下座休息一下，喝杯茶，上個廁所。我先開個頭，然後聽你們每一位報告怎麼出家，怎麼修行。聽完了，然後像醫生看病一樣，才知道誰是餓了，誰是吃太飽了；才曉得怎麼樣下藥，才好告訴你修行走哪條路線。等一下再來討論，先休息一下，這裏不是禪堂，一切不拘束，很自由。

第二堂

內容提要

行香的規矩
談練武功
修白骨流光的人
練武僧人的經歷

行香，禪堂叫作跑香，在佛經及戒律部份叫經行，不叫行香。你們也沒有好好去研究經律，怎麼叫行香呢？照佛經原典，佛在世的時候，這些弟子們行香用功，就是出去活動一下，散散步。行香的散步，同戒律記載佛出去化緣一樣，你們哪位研究過這個？托缽化緣，身體端正，大乘道規定眼睛看前面五步，小乘道三步，一路這樣慢慢走去，到人家門口站著化緣；引磬一敲，等一下，沒有緣法就走開了。行香也是這樣，古人的行香在密宗更嚴重哦！坐一段時間一定要出來運動行香。所以真正的行香是人端正，整肅威儀，不左顧右盼，目不斜視，一路向前走，兩個手是肩膀這裏甩動，是全身的運動（南師示範）。

現在你們穿的長袍是明朝的衣服，所以電影演上朝的朝儀，面見皇帝都是這樣，兩排的大臣穿著長袍，用儒家的話，這樣走法叫龍擺尾，右邊腳邁開，這個袍子尾巴向右邊，哪隻腳過去就向哪裏擺。一排很整齊，行香也是這個道理，很端正的，兩手甩開，四肢展開。不是叫你身體彎起來，靠著一邊這樣走，我看你們那樣，把身體都搞壞了。

黃龍祖心禪師有句話，你去查《五燈會元》《景德傳燈錄》《指月錄》，他說參禪的人，姿勢精神像什麼？他說像貓捉老鼠那個樣子，特別有神，「目睛不瞬」，目睛，兩個眼睛瞪在前面，一點都不動；「四足踞地，諸根順向，首尾一直」，頭尾很端正，行香也要這樣去行才是。

現在師父們規定你們行香時，說這個手為了避免碰到大家，右手甩三分，左手甩七分，這樣轉圓圈，背是彎起來的，這修個什麼行啊？這是什麼行香啊？這叫規矩嗎？開玩笑！誰立的啊？符合什麼規矩啊？生理都不懂嘛。佛的戒律威儀，密宗的行香，是這樣端正；更為了用功的人行香直走，這一頭兩根柱子，那一頭也兩根柱子，接連兩頭綁兩條繩子，繩子上套個竹筒子，為了自己起來活動，眼睛半開半閉，手搭在這個竹筒上行走，不管身體了。因為有兩條繩子的關係，走到那頭，又換另一隻手抓住。這樣行香，經行，端端正正。如果繞圓圈的行香，也一定要走得很端正。

所以照禪堂打七的規定，那年在廈門南普陀，幾百人都走不開，那行的什麼香啊？所以行香走起來，計算距離，步伐要大一點，兩隻手要甩得開，

是彼此碰不到的這個程度。

還有現在你們禪堂跑香，喊「起」喔！不曉得搞些什麼東西。所以我們打禪七，不准喊「起」。一兩百個人在山上，大家都大聲喊一聲「起」，那真是地動山搖，別人看到還以為這裏土匪練兵，當然很可怕。尤其以前的禪堂，禪師們穿的袖子這樣長，你們穿的都不規矩，學禪的人袖子一定蓋過手指頭，然後捲起來再捲回貼到手腕這裏。行香的時候，兩個袖子一甩開，嘩！尤其夜裏燈光也不夠，只聽到呼！呼！都是風在動，那真威嚴啊！嘩嘩嘩嘩！妄念也沒有，袖子的風把妄念都打掉了，那才叫作行香。現在禪堂行什麼香啊？禪堂的規矩怎麼定啊？這些都是問題。

先給你們講了行香，一切的規矩我們慢慢來談。由外形的規矩講起，尤其你們少林寺下來，我也學過拳，這一套我看你們有些都不對的，每個身體都打壞了。譬如，我昨天問你們大和尚，我說：老兄，你呼吸不對哎！他說，從小有哮喘。我說怪不得，一看就知道了，為什麼？他說當年練武功，要閉著氣練的。練武功，如果用力的時候閉氣，問題大了！這一套暫時不講

啦！懶得跟你們講武功。武功是不是這樣？連個身體都沒有搞對，再看看你們大家，兩肩這裏都展不開的，看你們的精神樣子，還不如我這個老頭子好。嘿！不要說成佛，參禪明心見性，這個身體搞到病兮兮的，只好用四個字形容——「枯禪病身」。就是禪宗說的枯禪，枯木一樣的，乾枯了，裏頭沒有內容，統統變成有病了。你們年紀輕輕離開父母，沒有成家，跑去出家，搞了一輩子，修行修得枯禪病身，這還玩個什麼啊！至少要把身體玩成健康快樂吧！所以這些都是問題。

我們這一次，大家坦白的討論研究，有問題儘管問。譬如我在南普陀，講了七天，也冒充叫作打七，打個什麼啊！根本走不動。我原來預定三百人，結果一到那裏，禪堂、講堂有六七百人，後來變成一千多人了，把我嚇了七天。那個禪堂新修的，中間沒有橫樑的，上面一壓下來，下面幾百人都變肉餅了。太可怕了！所以我叫他們走慢一點，不敢叫他們大步走；因為我從前在昆明的時候看到過。抗戰末期，快要打勝仗了，昆明一家電影院，建築時偷工減料，樓塌了壓下來，樓下的統統變成肉餅了。

所以當時在南普陀的禪堂，我到現在還在擔心，最好你們發心把它拆掉，重新來過。如果一跑起香來，那還得了啊！所以修個禪堂，你們要注意，樓上樓下要計算有多少人，每一個人的重量有多少，算出有多少寬的步數，所有的重量壓下來是多少，建築上都要核算。這就是做當家做方丈的，為眾生辦事了。不是說花錢蓋一個地方，蓋起來就好了。現在到處蓋禮堂、教堂，如果什麼都不問的話，那是造孽，不是做好事。這是講關於禪堂的問題，還有香板的問題，香板不是打人用的。

我們問題一個個討論。現在這樣好不好？我倒轉來問問大家，不是問，我們是討論，你們都要放下，真的放下，無人相，無我相，各自隨便談談。這樣吧，先從這個年輕僧人開始，他從峨嵋山下來，他的師父通永老和尚是我師兄，他叫我師叔。我當年閉關的時候，都是他師父照顧我，挑米上來給我吃的，所以我很感謝他。現在九十多歲了，修行也好，是我很佩服的一個人。

你（僧甲）報告一下，你這幾年做什麼工夫？怎麼樣？詳細坦白講，問

題提出來，我們再做討論。

僧甲：出家好多年了，

南師：你聲音大一點。你出家二十年啦？我上次見到你，是有病的哦。

僧甲：是有病，身體經常不好，現在還沒有找到方向。

南師：那你這幾年在萬年寺，怎麼樣用功法？

僧甲：打打坐，用功不相應。

南師：你放開講話嘛，不要那麼拘束，我跟你兩個是朋友哎，你不要把我當什麼師父啊！

僧甲：我參禪方面有很多問題要問老師。

南師：對啊，你常常找我問問題，我想你問不出來什麼問題，上次來好像素美居士跟你談了一下嘛，對你有一點幫助了吧？（答：有幫助）我看你身體好一點了。為什麼不在那裏照顧師父啊？

僧甲：有兩個師兄弟在照應師父，他們在報國寺住，我在萬年寺。

南師：你現在重要的問題在哪裏？用不上功，不曉得怎麼用功對嗎？

僧甲：對。譬如參禪要起疑情，但是參禪要離心意識參。疑情就是心意識……那怎麼參呢？

南師：你現在一直在參禪嗎？還是在念佛啊，還是念準提咒？

僧甲：有時看看書，有時候打打坐，念念準提咒。

南師：你又拘束了，我替你講吧，免得你辛苦講。那麼你說你很想修行，看看書，打打坐，也念佛。念念佛覺得沒有味道，阿彌陀佛念了，不曉得幹什麼，雖說有個西方，不管它西方東方，也不想搬去，怕靠不住。參話頭嘛！參念佛是誰，搞慣了，隨時心裏在念個話頭，還是同念佛一樣，沒有味道。可是想起來又不甘心或不情願。念念咒子，希望求個菩薩加持，結果念了半天，菩薩也沒有現前，而且也沒有哪裏來個加持，對不對？既不加，又不持，搞了半天茫茫然，就是這樣嘛。對不對？

僧甲：對。

南師：身體嘛，進步一點，好一點，對不對？

僧甲：嗯。

南師：心情……其他還有很多問題。譬如漏丹不漏丹，這些都是要坦白說的問題，都免不了的，對不對？我們一一拿來討論，討論完了，看你這個樣子，回去該好好修行，修行不是生理，是心理的問題。好啊！下一位，我們還是找那個年輕的老鄉，你（僧乙）來你來，你年輕一點，你敢講話一點，我們倆談。你出家幾年了？

僧乙：一九九四年出家，十一年了。

南師：你是參禪嗎？

僧乙：說不上參禪不參禪，好像是參禪。

南師：你上次跟我談，走的是六妙門的止觀法門啊！（答：是的！）那同參禪是兩回事啊？

僧乙：上次跟您談是最早的時候，大約在九四、九五年，那時用六妙門修止觀，但是後來一直都在禪堂裏。

南師：然後是參禪，參話頭。

僧乙：參話頭是在九六年禪七以後。

南師：那你的修行很用功，究竟是什麼法門呢？

僧乙：主要是看經文、看書更為相應。

南師：那麼打坐呢？一天坐多久啊？坐幾次啊？

僧乙：有打坐，以前一天坐的次數多，這幾年少，以看書為主。

南師：謝謝，你還有什麼要問的？

僧乙：我就是平常起心動念的時候，往往對念頭把握不住。

南師：謝謝！你們兩個年輕人啊，不是你不肯講話，是講話沒有抓到要點，你可以問我一個問題，怎麼樣開始用功？什麼叫修行？這樣問還中聽，講了半天，同一般人一樣。參禪不像參禪，修定不像修定，修止觀又不像是修止觀，修密法不像修密法，不曉得在搞什麼，但你們都叫作參禪。好，我想這樣吧，因為他們兩位年輕人，我比較認識，認識就敢跟他們大膽的講話；你們諸位新朋友，不好意思跟你們這樣討論。現在剛開始，因為我先了解一下，再想怎麼樣告訴你們用功的方法。有沒有新的意見告訴我？諸位裏頭哪一位隨便先講。不要勉強指定人，看哪一位志願？

僧丙：首先呢，很榮幸能夠見到南老先生。

南師：不敢當。

僧丙：我二〇〇一到二〇〇四年，在蘇州西園寺學習佛法，其中在〇四年的時候，專門學過您講的《禪觀正脈》，然後對《禪秘要法》的注釋有很好的體會。我們當時也拿出佛經原典標句讀，其中我記得很清楚，我學的是第廿一觀白骨流光觀，我對您在《禪秘要法》指出的要點很佩服，同時也想向您多請教其中的要旨。

南師：謝謝。我倒請問你一句，你修《禪秘要法》，修白骨流光的法門，看你的意思講法，你對這個法門，不但有緣份也有興趣，好像也有一點心得是吧？那麼是不是經常走這個路線呢？

僧丙：整個《禪秘要法》是一個個層次來的，在過程中隨著坐禪作觀的體會，心裏會起很大的波動，有很大的起伏。

南師：那麼我再請問一下，你在修白骨流光這個法門的時候，你的身心感受變化怎麼樣？身體內部的變化有感覺沒有？

僧丙：內部就是感覺有些急躁。

南師：好，好，你是走這個路線，有沒有用其他的法門？沒有參話頭囉？

僧丙：然後平常配合數息觀。

南師：就是用白骨流光法門，配合著數息，就是這樣練習？那我們徹底的了解一下，你這樣練習，有時候碰到好的境界，一坐能夠維持多久呢？

僧丙：大概有十五分鐘左右。

南師：然後沒有了，第二次上來就不是那個樣子了，對不對？

僧丙：對對對。

南師：那換句話說，就是瞎貓撞到死老鼠，偶然吃到了兩次的死老鼠，然後活的老鼠也沒有來，死的老鼠也沒有了，對不對？

僧丙：對對對，是像您老說的這樣。

南師：我想一般都是這樣，這都是修行的大問題。所以，我希望大家這一趟，我們難得有緣碰面，我以出家人為對象，在家人都打出去不算。希望

你們拿到一個真正的法門，回去一年兩年最多三年，能夠有所成就，才不冤枉我們這次的聚會。等一下我想貢獻你們一番用功的路線，所以先了解一下大家的狀況。好，謝謝。還有你們這幾位，大致都是這個路線，是不是？有沒有特別專門參話頭，或者什麼的？都不要客氣啊，現在我們是自由討論，要起來喝茶的起來喝茶，要幹什麼都自由。

僧丁：南老師慈悲啊！各位師父慈悲！

南師：請把你的上下法號告訴大家。

僧丁：我叫某某，是一九九三年去少林寺的，剛開始在廟子待過一段時間，但對佛法沒有興趣，沒有學佛，從來不燒香，從來不拜佛，專練武功。九七年去浙江台州，打了一個比賽以後，身體生病了。

南師：什麼病？

僧丁：就是這個落（音辣）體重，身體嚴重脫水。剛開始國家提倡散打散手比賽，後來我就學傳統拳，傳統功夫。學傳統功夫就涉及到打坐，我的師父要求我每天必須要打坐。慢慢慢慢地就看了《六祖壇經》，這是我看的

第一部經，之後就是看慈舟老法師的一本《心經淺釋》吧，才開始了學佛的因緣。後來二〇〇二年出了一場車禍，當時傷得很重，腿被門夾住，人被摔出去了，就住院治療。在這之前我看了您的《圓覺經略說》，後來住院又看了一下。住院時沒事，我就天天打坐，後來又到我們寺廟的一個下院養傷，對生死問題比以前了解多一些，對生死有另一種想法。二〇〇二冬天去臥龍寺打禪七，是我第一次打禪七，他們參話頭，我什麼也沒做，我就光念大悲咒，每天念六七百遍，可能念了六七十天左右。當時心口這塊發悶，裏面有東西堵住一樣，六七十天都是這樣。

南師：那身體呢？那個受傷的地方的感受呢？你在臥龍寺打禪七的時候，你不是在裏頭持大悲咒嗎？因為持咒以後覺得這裏揪起來一坨，那你身體原來受傷的地方的反應呢？

僧丁：當時在醫院裏可能打坐了一段時間，以後這地方基本上好了。

南師：那請再講下去，持咒這一段。

僧丁：持咒以後，我的身體有很大的變化。心窩這一塊像有東西堵住

一樣，但是沒事，吃飯一點也不耽誤，心裏這塊地方硬梆梆的，像揪心的那種，但是又不是揪心那種感覺，〇三年又打了一個禪七，打禪七的時候也參話頭，參念佛是誰，同時也念佛。

南師：念南無阿彌陀佛？

僧丁：對對對，念阿（喔）彌陀佛。

南師：阿（a）彌陀佛，不是阿（喔）彌陀佛，千萬注意啊！大家都習慣念阿（喔）彌陀佛，這個先說明一下，將來我會告訴你們。

僧丁：〇四年的時候都在念佛。我有個特點，我用功的時候比較集中，特別用功。〇四年念佛的時候，中間基本上很少斷，工夫用得很連續。

南師：那麼這個階段你都不練武功嗎？

僧丁：比以前少了一點，也練。〇三、〇四年，就是打禪七，然後到終南山住三個月，在西安住半年，就這樣用功。〇四年感覺跟〇三年不一樣。

南師：都是念佛？

僧丁：〇三年是大悲咒，〇四年是念佛。我念大悲咒很相應，念佛也很

相應。

南師：所謂相應是……？

僧丁：相應就是，我〇三年用功，念大悲咒打完禪七，回去以後兩三個月心口都是脹的；但有一天不知道怎麼通了，身體很輕鬆，走路很輕鬆，好像重擔卸了一樣。這個很輕鬆的感受，實際上差不多持續有兩個多月三個月，一天到晚念習慣了，腦子裏不知不覺都在念。

南師：完全對。

僧丁：然後〇四年也是這樣，連續打了十個禪七。〇四年的感覺很明顯，一用功馬上就說話啊走路啊，連坐著都感覺不出來，身體輕鬆度比以前輕鬆太多太多，非常輕鬆。

南師：也是在臥龍寺？

僧丁：〇四年基本上念佛，然後參禪。

南師：參哪個話頭？

僧丁：〇四年這個反觀以後，有很大的收穫。然後參了一個公案，就是

六祖大師說的「幡動還是心動」，然後就是體會這個動。以前呢，不知道這個心在動，〇四年反觀到這個心在動，就知道什麼叫動了。原來就是起心動念的這個心，執著外面的習氣放不下，對這個習氣體會得比較多一些。以前不知道什麼叫習氣，也不知道什麼叫疑情，通過〇二年、〇三年、〇四年，基本上在起心動念時候，當時就感覺到，知道這個是心動，為什麼要動。這個覺性好一些，比以前靈敏。

南師：這是去年。現在呢？

僧丁：因為我前一段時間，三月份去終南山，七月三號回少林寺，一直也在用功，每天反正早晚兩小時念念佛，然後十來個小時打坐。

南師：你打坐十個小時啊？

僧丁：十來個小時吧！

南師：都在座上？

僧丁：我一坐是兩個半小時，或者三個小時，基本上以兩個小時為標準，有時候心情很好的時候，越坐越輕鬆的時候，那就三個小時。

南師：那麼你〇四年到〇五年，差不多都是常在禪坐中？

僧丁：基本上是。

南師：外形在禪坐中，內在的修行是參這個公案——心動反照觀心，對不對？

僧丁：念佛有個體會，以前好多人講，包括我剛出家那時候，他們講阿彌陀佛和極樂世界，〇四、〇五年體會阿彌陀佛和極樂世界不是兩個概念，應該是一個概念。阿彌陀佛是個什麼？阿彌陀佛是極樂世界，極樂世界是阿彌陀佛。按禪宗的話講，阿彌陀佛不能做阿彌陀佛解，也不能做不是阿彌陀佛解，就是這個體會多一些。很多人念阿彌陀佛，求生極樂世界的時候，他的發心老是在動中，想要阿彌陀佛帶他到極樂世界，就是老有這個想法。但是我在念這個阿彌陀佛時，就是通過這個阿彌陀佛，他可能就是一根稻草，我抓住就是抓住而已，比較連續，就是體會到這些。

南師：還有呢？

僧丁：最近嘛，就是身體變化，用功不用功，都感覺到胸口堵。因為我

早上起來很早，兩點半三點鐘就醒過來了，躺在床上，不自覺地就念，一天到晚養成習慣。

南師：那你真了不起，晝夜都在用功，除了睡眠吃飯以外。

僧丁：有時候也是感覺不穩定，有時候放逸起來，很長時間也不用功。但是一個人的時候，基本上心還是在念佛。

南師：還是在念「南無阿彌陀佛」，還是參那個「風動幡動」，那個動的觀念連在一起？

僧丁：現在基本上是念佛。因為那個風動幡動，看了那本《心經》以後，心裏暫時放下一樣，再參參不下去，所以還是念佛。念佛就是感到心口堵塞，就在不用功時，感覺胸口這一塊始終也堵著的，包括剛才坐在這裏。

南師：這一邊還是這一邊？

僧丁：心窩子這一塊。

南師：請你把舌頭伸出來我看看，啊，好，知道了。

僧丁：今年基本上就是這個情況。

南師：然後呢？坐起來還是蠻舒服的？

僧丁：我現在坐起來身體很輕鬆，就是身體用勁的時候，像我以前打拳有時候要轉動，轉動的時候不知不覺的，人就跟著轉出去了，有這種感覺。

南師：你有這種感覺，是平常的時候，還是練武的時候？

僧丁：練功的時候，就是平時的時候走著走著腳就不受控制了，就是這樣。

南師：譬如說你一打拳好像自己跟著拳勢在動了。

僧丁：對對對！轉動的時候，身體的變化就特別明顯。

南師：覺得內在的變化明顯嗎？

僧丁：內在的變化非常明顯，好像人在那個海水裏的感覺一樣。

南師：對！那個時候你不管呼吸了，不是閉氣哦？

僧丁：沒有呼吸。

南師：你不是在動中把呼吸忍住了吧？

僧丁：沒有沒有。

南師：對，好好。

僧丁：那時候是放鬆的，就是和平時一樣。

南師：我岔你一句，學密宗有個法門，現在在西藏已經沒有了，叫「力大手印」，可以練武功就大徹大悟而成就了。這是抗戰以前，現在我一講就是六七十年前，當年相傳，有位學者修力大手印，在上海的，我沒有見到過。他走馬路的時候，正好兩個車子對面過來，剎不住車，他正好在中間，他手隨便這麼一分，無意的，兩個車子停住了，他就過去了。這是力大手印啊！你講到這個地方很重要，所以真正練武術到最高處，同得定的境界是差不多的，和初步得定都一樣。你講的差不多有些像了，你很了不起，再說下去。

僧丁：在沒有參禪以前，對武術理解不一樣，因為對武術的理解，在剛開始時，知解上的東西多一些，後來，通過參禪以後，對武術的理解比較深一些。

南師：對。

僧丁：這個武術同參禪一樣，他有個階段的。剛剛學動作時有個基本功，基本動作的認識，同參禪是一樣的。所以我現在大膽的跟大家講。

南師：儘管放開講，我可以貢獻你啊，練武功到了最後跟學佛一點都沒有差別了。

僧丁：後來中間有個問題，這個參禪同練武術一樣的，動作練了以後，就發現有一個毛病，人呢，畫一個圈子，被這個圈子套住出不來。練了這個拳，有了這個動作，就是這個動作組合成以後，再沒法離開這個動作。離開動作就沒有辦法了，心陷在動作，解脫不出來。第二、我個人的心得，練拳要參透動作的根源在什麼地方，把這個根源弄透。第三、就是說，要忘形，得意才能忘形。把真意明白了，然後才能忘形，再回到心意上。回到心意以後，就是心靈通過肢體語言的一種抒發。這是我通過參禪以後，對拳有這麼一個淺薄的認識。我現在練拳，好像是給同學寫封信一樣，給好的朋友打個電話，談個心，是這個感覺。

南師：這個很不淺薄，很好。你儘管說下去。

僧丁：慚愧慚愧。其他的寺院，很多人認為練武就是練武，參禪就是參禪。少林寺主張禪拳合一嘛，現在就是說，通過參禪，覺得參禪就是練武術，我通過練武術以後，我感覺禪和武術，在根本上可能是一回事，從表現形式上、接引的方面可能是兩回事。

南師：好，那你最近的用功呢？

僧丁：最近一直念佛。

南師：到現在還在念佛，就是說，沒有放棄這個方法？

僧丁：沒有沒有，一直沒有放棄。因為我前段看了一本書《彌陀要解》，看了以後，對我觸動很大，這本書上寫的跟禪宗講的是一回事，就讓我明白了。以前練武術，跳躍性的東西很多，最近發現參疑情的東西比較少了，需要的就是念佛，再搞其他的就是沒意思，念佛就行了，現在就是這樣一個心態，就是光念佛。

南師：好，非常感謝你的報告，很了不起，很坦然，很誠懇的講，就是很平靜的講老實話，你很了不起了。那我再請問你，你不打坐的時候，行住

坐臥，走路，大小便，吃飯睡覺，一切生活是不是都是這樣呢？就是說，行住坐臥，是不是能夠打成一片，是不是都是這樣的心境呢？

僧丁：我念佛的時候基本上是這樣。

南師：你感覺到基本上是這樣？

僧丁：因為我有個特點，就是念佛的時候有個習慣，很專注。

南師：我請問你，你現在跟我講話，你心中有念佛沒有？

僧丁：現在跟您講話沒有。

南師：你現在覺得同你念佛一樣還是兩樣？不要去想，有沒有一樣？兩樣？

僧丁：我覺得是一樣。

南師：你把握這個，不要再去想，不要加上了。第一點注意這個。

僧丁：謝謝，阿（喔）彌陀佛。

南師：不過有一點，你改不了也沒有關係，能夠改「阿（a）彌陀佛」，教人的時候千萬教「阿（a）彌陀佛」，為什麼？「阿（a）」是開口

音，生發的音，這是講梵文發音了，阿（喔）是下墮的音。

僧丁：謝謝南老師，我再彙報一件事。我打坐的時候，以前和現在還有點不一樣，比如說，一九九九年以前，我經常在地上，在山上找一個光線好的地方打坐，打坐對光比較敏感。從那年到今年吧，就是說現在不需要光線了，打坐的時候同樣是亮，有光。以前是沒有光就顯得不亮，現在是沒有光它照樣亮，它越亮人就感覺到它很融，很融的感覺。

南師：沒有錯。你現在講話是不是在光中？

僧丁：隨時隨刻都是這樣。

南師：對，你先把握這個。現在我問你剛才一個問題，你現在講話還在念佛嗎？

僧丁：念。

南師：對了，你先到這一步，我們還有幾天再看情況。然後你再講下去。

僧丁：光的變化，我發現有個感覺，就是剛開始我聽人家講，我們少林

寺有個塔林，後來我有一次跟人家散步的時候，在塔林門口，聽到不知道哪個歌手唱的六字大明咒，「嗡嘛呢叭咪吽」。我當時也跟他們念念，那是七月份的時候，我們兩個朋友沒事時，往塔林門口念，念了以後，就是感覺身體一下透了，閉著眼外面什麼都能看見。

南師：你聽見的那個咒音是怎麼念法，你還記得嗎？

僧丁：就是唱歌嘛，不知道是李娜唱的，還是誰唱的。

南師：是不是那個印度唱法？你唱一唱。（在座有人開始唱）

僧丁：對對對，就是這種，我們就是在塔林繞唱。

南師：我所以要問清楚是哪個調子，是因為聲音和光的變化關係很大，你儘管講。

僧丁：念了以後，當時天熱心裏面躁動，可能七八點的時候出來，到塔林比較涼爽，慢慢就靜下來。靜下來以後呢，身體有種透的感覺，透的感覺什麼東西呢？就是閉著眼睛在念，外面星光啊什麼東西樹啊，看得很清楚，這對我是第一次的體驗。

南師：後來沒有經常出現嗎？

僧丁：後來在禪堂裏出現幾次，但是我沒有在乎它。

南師：你不著相，沒有注意是吧！

僧丁：沒有，早就聽老參師父經常講啊，遇到這種情況，不要著魔，不要管它，剛開始就有打過這個預防針，心裏可能比較注意一點，沒有管它。二〇〇一年的時候，因為念著念著，可能身體變化，裏面的東西看得很清楚，身體骨頭五臟看得比較清楚一些，然後特別身體中間有兩條光線看得比較清楚。

南師：你講的是左右還是中間啊？

僧丁：中間，脊椎頭頂下面的兩個光線，不同顏色，一個黃的一個藍的，有時候變化不一樣，然後五臟看得很清楚，骨頭啊骨髓啊都看得很清楚。剛開始發藍的發紫的帶黑的那一種，慢慢慢慢，它就變成明亮的太陽光那樣的，透的那種。之後呢，有一段時間經常上火，特別上火，上火以後就不能打坐，太陽都不能曬，一曬太陽嘴就全部都是火，渾身都是火，感覺像

吸收太陽光一樣的。滿嘴都是火，一段時間吃藥都不行，吃藥也不管用，不好使。就是下午的時候，太陽下山以後，躺在草地上一會就好一點，就是這樣的。然後〇一年吧，感覺這個骨頭，有響聲「咕嚕咕嚕」，好像有東西在煮一樣的感覺。渾身都是，不過煮得很舒服，好像小火在煮一樣的。

南師：那你身上的原來受傷的老傷有沒好呢？應該沒有了。

僧丁：老傷基本上沒有了。後來到〇二年住禪堂，心火發急，不在身體之內，應該是向外，空間更大，感覺到像大海洶湧澎湃一樣，身體不受控制，心念一動了身體還不知道，明顯感覺就是〇二年受傷之前，少林寺隔壁有一個賣菜的，我們去買菜。

南師：你在受傷出車禍前是吧？

僧丁：出車禍之前感覺明顯，就是感覺到這個身體內動的東西還是多一些。去買菜時候，就是開玩笑，別人推我一下，我順手一拉，最後就是感覺這個身體晃動一下，人就不由自主地飄了下去。〇二年受傷以前是理解佛法，心裏的東西少，理解的東西還是多一些，很多東西是出於思惟意識。我

○二年被車撞一下，當時腦袋一片空白，起來以後，無明火就起來，有恐懼、有無明、有憤怒，發現當時沒有這個覺悟，後來在住院期間，就考慮問題。

南師：考慮問題怎麼樣？

僧丁：就是我西安有個朋友，發個訊息，因為我們經常有佛友在一起，他說，密勒日巴寫過一句話，「不要把理解當證悟，也不要把證悟當解脫。」這個對我觸動很大，所以慢慢地開始思考這個生死問題。我就覺得生死啊，雖然有一念心能動，能動的就是這一念心，能動的就是這一個，始終是一個，就是《佛說大乘金剛論》上說：「心可作天堂，心可作地獄；心能作善，心能作惡。」能作的就這一個，當時就找到了這個源頭。○二、○三年吧，就去反觀這個，慢慢慢慢就證了（意思是證知此心可作善，可作惡），證了以後就念佛。就是這麼，彙報完了。

南師：好。那現在你還是在這個情況中？

僧丁：現在基本上不斷的念佛。

南師：好，謝謝，你報告的最詳細了，我們正好有個討論，要不要休息啊？休息一下輕鬆自在一點，非常謝謝。這樣我們好辦，就是要這個樣子，同剛才這個師父一樣的講法，很坦然。你把我當成一個聽眾，自由的討論，那麼憑我所知道，我會告訴大家做個參考，好，起來放鬆一下。

第三堂

內容提要

辛勞工作的僧人
你是發心去做的嗎
石頭路滑　竿木隨身

南師：希望大家都有點成就，不要白修行白出家了，這個時代儘管說沒有佛法，但是佛法不會斷絕的，只要自己發心證果，修行一定有成就。希望下一位，哪一位出來？給大家講一下，我們聽一聽。剛才那位法師講得很平實很坦然，我們聽了都很高興。大家都用這個方式講話，不要拘束。古道師你說，哪一位講？（古道師：某某）你是熊耳山的？

僧戊：熊耳山。

南師：熊耳山的啊，好哇！這個大山非常有名的，達摩祖師當時到過那裏，好！希望你講。

僧戊：南老、諸位居士，我學佛時間很多年了，沒有什麼深入，趁這次機緣，請南老開示。我剛剛出家的時候，坐過禪。最初的時候，就是做數息觀，有點輕安境界，後來就到南方住小寺院。那個時候，差不多都是練功，沒有深入佛法，一直到我去熊耳山之後，因為道場要恢復，也為居士講些佛理，那時候才略解佛法，自己也用用功。但是恢復道場這階段，沒有太多的時間，主要是應酬打理寺務方面的事。在這段期間，我對禪宗的公案方面涉

獵一些，也涉獵般若性空學，唯識學也學一些，但是都不夠深入具體，在這個修持上模糊不清，對理上雖然有些概念，但是在用功修持上，請您老開示。

南師：你不要那麼謙虛，那麼客氣。那麼你後來的修持方法除了打坐數息，修這個止觀之外，有沒有用念佛或者別的方法？

僧戊：念佛也有，但沒有集中。因為剛開始，在我出家初期的兩三年，後來出去參學的時候，主要以練功為主，因為南方這種環境都是小廟，是經懺道場，至於修持上並不懂。

南師：那就是說平常你是忙於事務了。

僧戊：二〇〇一年我去熊耳山之後呢，在寺院的修復方面花費了很多心血，在修持上差很多，這也感謝我們地區的居士，因為作為一個師父，他們尊重我恭敬我，我卻沒有東西給他們，很慚愧，那個時候才發心要修學佛法。

南師：是，人家問到你時，你教他們普通的打坐數息，還是教他們念佛呢？

僧戊：在我去之前，他們都以淨空法師的念佛法門為主，都是修淨土的。自己要不斷精進的修行，也是念佛，念佛的比較多。

南師：自己念佛是吧？你講你的（師下講座，為僧丁糾正姿勢，「你不要動，你動了，再說。」）

僧戊：他們原來的修行方法，因為我而改變了他們修持的心態。另外還有一些，對禪宗有興趣修禪法，坐禪的，這樣就是通過我自己的心得、過程吧！

南師：他們對禪宗有興趣，你講公案還是講什麼？

僧戊：有講公案，也有境界。

南師：你聽到的，都是同我們剛才討論報告一樣，是嗎？

僧戊：是，有些在境界上有問題的時候，就給我打電話，或者到寺院找我。

南師：那你怎麼辦？人家問到你，譬如我們講笑話，他開車開到你山門下，問現在向左轉還是向右轉，你怎麼辦？

僧戊：就是跟我修持的心得交流，如果再高深的話，我也建議或支持他們參訪，因為我的境界、水準有限。

南師：我們現在都是關起門來，家常討論，無所謂。就是說你憑你知道的，就貢獻他們了，是不是這樣？

僧戊：是。同時呢，我們有時候從這個禪法上參究。

南師：那你現在平常除了忙事務以外，自己真正自修的時間不多囉？

僧戊：不是很多，我就是請問如何修持的用功法門，請您開示。

南師：（師又幫僧丁改姿勢）我正要給你改動，你又動了。呵，所以和尚啊，在這個裏頭，你要注意！我一動，你就馬上起心動念起分別了，對不對？

僧丁：你過來我看見了。

南師：對啊！你就看見，但不能夠對境忘心，內外一切都丟掉不管，是不是？就是動念了嘛！再來，再說。那麼這位師父就大概報告到這個情形了。接下去哪一位？古道師幫忙，你就站起來吧，隨便自由的講話，千萬一

點都不要客氣。大家遠道而來，假定把我當一個善知識，走過這條路的人，我現在要大家講話，不是講給我聽，是為你們自己，要講出來，我才可以告訴你以後怎麼走，走哪一條路。

僧己：大德慈悲，我叫某某。

南師：你是負責寺裏幼稚園的？

僧己：孤兒院。

南師：那你很辛苦喲！

僧己：雖說我出家到寺裏，我的機緣是，在沒出家以前，在學校讀書的時候，看到一些典籍；譬如說像唐伯虎、蘇東坡這些大居士，他們都學佛，對書畫、文學、藝術方面，也很有成就，我隱隱約約感覺到有這個禪和佛法在裏面。但我那個時候並不懂，也沒有機緣真正接觸佛法。

南師：你當時讀哪個學校？

僧己：我以前是學經濟的。

南師：你學經濟的倒喜歡藝術。

僧己：最後還是因為在武術、書畫方面比較愛好，這樣到了寺裏，跟著師父大和尚。之後做他的侍者，一直很忙，現在接手孤兒院也是屬於忙碌，忙於一些具體事務。至於說修持修行，我還沒有正確的方法，但是我也很認真的看書。

南師：你出家幾年了？

僧己：出家有五六年了，一九九九年出家的。我看《金剛經》上說「應無所住，而生其心」，我也經常琢磨這個事，思考這個問題；在練武的時候，我也在想，是不是也可以參「這個練武的人是我？」的話頭。當我接手孤兒院之後，忙於一些事務時，我懷疑自己所做的事情與修行是不是有關係，甚至有時也產生退卻的念頭。我很多時候陪伴在師父左右，我把師父當成他就是佛，他就是菩薩，我誠心誠意的去做一些事情。最後，我覺得既然師父認為這是我應該做的事情，我乾脆就不想，就認真的做一些具體的事情，在這個過程當中去體驗。看到小孩子們從貧窮的地方，從一些遙遠的山區，到這邊統一的管理之下，他們的生命現象，得到快樂，我從中也得到一

種歡喜；但也在思考生命生老病死的種種現象。我如果一直堅持安於這種心態，注意投入平常這些事務的話，這樣和修行有沒有一點關係？請南老先生開示。

南師：你講到這裏，我們先談這個問題。你是一個學經濟出身的，喜歡文學，現在出家，碰到師父，又練武功，就讓你做這個工作。據說有一百多個孤兒，是嗎？

僧己：整個河南省十九個縣市，總共是一千多個，真正集中到我們孤兒院的一百多，由我統一管理，負責他們食衣住行，還得經常跟他們講一講簡單的《弟子規》、佛法。

南師：好，散在外面的先不管，那現在集中到你們寺裏一百多號啊，你這個孤兒頭，事後我再跟你討論。有兩點，第一、我羨慕你有這個福氣做這個事；第二、我佩服你，因為我做不到，你還做得到。這是兩點，但是還有一點，你根本沒有發心做這個事情，這點很嚴重。這個工作，照你現在做的情況，你如果真的發了這個犧牲自我，先培養一切後輩眾生的心，你工作就

不同了。但你沒有發這個心啊！尤其你們這個寺，我昨天聽你們師父講，有那麼大一個場面，做了那麼多幫助孤兒的工作，太偉大了！可是如何辦好一個孤兒院，這個事務性的事，我們等兩三天下課以後再討論。可是你要真發心，準備犧牲自我，照亮他人。

僧己：其實我也很投入，我不知道這種投入是不是也是在發心？

南師：剛才講你這個投入，是一種投入，還沒有自己真正發心。你要發一個視天下孤兒如自己親生子女、兄弟姐妹一樣的心。這種發心也就是發菩提心的一種，就是發大悲心。但是這個發心很難，因為你還年輕，沒有結婚，還沒有自己帶過孩子呢。

僧己：佛法有一句話講，眾生可能都是自己的父母。就是小孩子，他們這種生命現象，都和自己息息相關，把自己融入這個當中去，感受一種生命現象的無常。

南師：那個是更難了。先講像自己的子女一樣的愛心，至於說，視一切眾生如自己父母一樣，是大菩薩發心，由你這個小發心慢慢上去。《楞嚴

經》有這樣四句話，我不曉得你有沒有看過背過？「自未得度，先度人者，菩薩發心」，自己根本還沒有修行，犧牲自我專門為別人，這是菩薩發心；「自覺已圓，能覺他者，如來應世」，自己大徹大悟了，修持有所成就了，再出來同你做這個工作一樣，做入世的工作，那個是佛的境界。這兩種功德一樣的偉大，可是兩個是不同的境界。自未得度，先度他人，菩薩發心，普通叫菩提心，菩提心以大悲心為基礎。我剛才批評你沒有發心，不是批評，是要你加強再發這個心。你已經很了不起了，如能發這個心更了不起。我前面講過，你做到我還做不到，我是佩服你，但是你這是菩薩行的境界。要你更加強，自未得度，先犧牲自我，乃至下地獄都不要緊，我先把孩子們弄好，這是菩薩發心了。至於廟子有錢，你師父也發心，你也發心，如何辦好這個孤兒院教育，不是你現在光講的讀什麼《弟子規》《三字經》，還不止這樣啊！很多經驗、道理，我再跟你另做討論。我們兩個還沒有完，先把這個帳放在這裏，等一下再說。

再講修行方面，你很了不起，那麼這次來，聽了你這樣講了以後，我告

訴你，在入世做這個慈悲心的工作中，如何自己修持。譬如剛才那位師父（僧丁）修行報告，我們大家都聽到的。他平常大概沒有給你們講得那麼詳細，他今天講得比較詳細，對不對？你還是第一次難得的機會在這裏聽這位師父講。照他今天給我們講的話，他現在狀況，我心裏頭想，沒有當面講，我對他比較放心，也非常讚歎隨喜。他現在等於禪宗祖師有句話，「石頭路滑，竿木隨身」啊！他初步有個念佛法門，由這一路修持下去，等於說走這條石頭的路，手上有個手棍，比較保險。至於說，從這以後如何，我倆還沒有講話呢！明天以後我會根據他的發展再說。這是聽他報告，我給他的評價。

為什麼引到這句話？因為你現在還沒有「竿木隨身」，還沒有手棍喲！走路蠻危險的，而且你這是先發心救人的工作，不是度人。度人是度到成佛，走菩提之路，你現在是走大慈悲功德之路，如何領導那些教導孤兒的教職員？怎麼做才好？你毫無經驗。我們這裏有很多同學專門辦幼稚園的，可以把許多經驗告訴你，你這樣做很了不起。你年紀很輕吧？

僧己：三十二。

南師：對了，你剛才有一句話，開始不大願意做，目前也做，所以並不是你自己發心，師父要你做只好做。但是做做呢還有些興趣，如果自己發心就不同了，有個做法我們將來再說。好，那你還有什麼話告訴我們，我想再聽一點，還有別的沒有？自己修持方面大概是這樣，是嗎？

僧己：在練功的時候，也經常會反觀這個「練武功的是誰」的念，不知道和念佛是不是一樣。

南師：對，一樣，這個完全一樣，這個很重要。但是你練武功之後，有沒有打坐修行？

僧己：平常也有。

南師：那是偶然玩玩的。

僧己：就是沒有深入，時間不是很長。

南師：至少也裝模作樣，對不對？偶然坐它一下（僧己笑）。我聽你們諸位講完以後，會有個總的貢獻，再下一位是哪個？哦，到時間了。先休息，吃了飯再說。

第四堂

內容提要

佛學院的學僧
少林寺的大柱子
如何唸阿彌陀佛
暗藏佛經的人家
二祖覓心不可得
不思善不思惡時
臨濟和雲門的教育

我們要正式討論的，還沒有開始，因為我不了解諸位的情況，先要求一個了解，我請問現在誰是下一位？

僧庚：諸位法師，諸位善知識們，大家好，今天因緣特別殊勝，能夠在這裏會聚一堂，跟南老師學習佛法。說起這佛法呀，法門無量有八萬四千，從印度原始佛教開始，一直到部派佛教，以及隨後的大乘佛教，到密乘興起，一直到佛教傳入中國以來，有許許多多的紛爭，也有許許多多的辯論。達摩祖師有個二入四行觀，二入就是理入和行入；理入就是讓我們明白教理，從教理這方面來講。過去有個義淨法師，在他的《南海寄歸傳》裏面有一句話，說印度佛法無非兩種，一者中觀，一者瑜伽，這中觀只破不立，瑜伽外無內有。隨後中觀和瑜伽兩派又產生了意見的分歧，然後又產生了兩種的論辯，直到傳入中國來，中國又形成了八大宗派。從印度佛教產生到滅亡，一直到佛教傳入中國，還產生了八宗判教，給我帶來了很大疑惑，想請南老師指點迷津。

南師：這是第一個問題？

僧庚：就是中觀和瑜伽的問題。第二個就是八宗判教的問題。還有小乘、大乘、密乘三乘的問題。

南師：還有你的問題呢？你出家多久，個人修持怎麼樣？

僧庚：我是二〇〇〇年出家，出家時間也比較短，曾經在重慶佛學院。

南師：你是四川人啊？

僧庚：我不是，俗家是東北的，但是在少林寺出家以後，我們的大和尚就把我送到了重慶佛學院，跟隨漢藏教理院畢業的惟賢法師學習。因為重慶佛教文化比較源遠流長，當時的歐陽竟無老先生，剛才南老師講的，創辦支那內學院（一九二二），在南京辦了十幾年，後來在重慶辦支那內學院江津蜀院。然後太虛法師又創辦了三所佛學院，一所是閩南佛學院，一所是武昌佛學院，另一所就是北碚縉雲山的漢藏教理院。漢藏教理院又稱為世界佛學院，當時在那裏的佛教文化是比較濃厚，像法尊法師，就是密宗的大德，印順導師、演培法師都曾經在這個漢藏教理院教過書。

南師：沒有錯。

僧庚：但是我個人來講呢，慚愧，沒有學習好。

南師：我都聽到，你很了不起，對於現代的知識，如果拿六十分標準來講，大致上，你已經是三四十分的，這個問題我等一下告訴你。除了這些，你出家以後個人如何修持呢？是念佛還是修禪定，還是看教理？

僧庚：在我個人修持方面，我特別提倡達摩祖師所說二入四行。先簡單的說，就是從這個理入，首先明白教理，有理論作指導，再來進行實踐。

南師：你出家五年當中是怎麼樣理入？怎麼樣行入？

僧庚：理入嘛！因為文言基礎比較差，所以看一看黃智海、江味農居士用白話文講的一些佛經，講一些簡單的教理，還有特別看了您的一部《金剛經說甚麼》，給我的啟發很大。行入呢，現在末法時期，主要提倡念佛。

南師：有沒有在念佛？

僧庚：在念。

南師：好像沒有認真吧？

僧庚：可以這麼說。

南師：嗯，可以說，是打游擊的念法，高興念就念。

僧庚：達不到大德說的那種念佛三昧的標準，離念佛三昧還遠得很。

南師：不要談那麼高，就是說你念佛沒有像那位師父的報告，老老實實念一句佛去行持，還沒有切實，沒有好好的實習，對不對？

僧庚：還沒有感應。

南師：感應談不上，就是口頭常念也沒有啦！心裏想念，但也沒有常念佛，是不是這樣？

僧庚：是是。而且最主要的問題，淨土法門講的信、願、行，首先……

南師：那些理論不要講，就是說，你沒有好好去念。你前面講的，我一聽，你很標準的像太虛法師之後，教理院走的這一套，思想蠻多的。

你前面所提三個大問題，要跟你詳細解答，由印度起中觀學派同瑜伽學派是怎麼一回事，要上一年多兩年的課。你們這些教理院聽來的知識，我都很遺憾。太虛法師以後辦的這些，像印順法師、演培法師，當年我們正在修行的時候，演培法師還是年輕和尚，我還記得他的笑話。他重慶回來，上峨

嵋山，找個滑竿（轎子）坐上去。到了以後，轎錢付完了，那個抬轎的跟他兩個人鬧彆扭，要多兩個錢抽鴉片，他就不幹，不肯多付人家兩個錢。然後那個抬滑竿的就生氣了，說：「你這個和尚，多一分錢都捨不得，我看你來生還是做和尚。」演培法師說：「對，我來生還是做和尚，你來生抬轎子還是抬我的。」（眾笑）這是講笑話啊，他人都過世了，並不是說他對不對。

當年有人說，哎喲！年輕和尚架子蠻大，坐轎子上來。我們當時聽了，教理院這批學僧，一個個都很能幹，道理都很多。剛才你提的問題都是重大問題，我們這一次由古道師及大和尚組織，帶了你們來，現在關起門來談的是實際的修持，一點點討論；至於牽涉到的那些大問題，我都要答覆你。你問得很有道理，不是沒有道理，應該懷疑。你三十歲不到吧？

僧庚：不到，今年是二十七歲。

南師：哦！一看，知道年紀輕。那麼出家修持念佛也沒有好好念，其他打坐修禪定有沒有修？

僧庚：也有。

南師：也是同念佛一樣？

僧庚：對對對。

南師：嗯，好，那麼打起坐來做什麼工夫呢？修什麼法門？

僧庚：沒有一定的法門，也沒有工夫。

南師：那你現在思想上，就是說，對於這個禪宗的達摩祖師講理入、行入比較有一點興趣。

僧庚：對對對，但是不完全了解，不深入。

南師：那當然不了解！不大清楚，你蠻謙虛的，你說了解就是說大話了。那麼對於這個中觀同瑜伽，也不徹底了解，聽都聽過的。

僧庚：呃，對對對，也聽了法師們講過一些。

南師：這個就是我幾十年看到的，這叫學院裏的學僧，還是正統佛學院出來的，都是這一套知識，講起來滿口都知道，好像敦煌壁畫上的那個飛天仙女一樣，都會飛的，實際上都腳不著地，也沒有錯。那麼你出家這些年，修持上沒有其他的，就是說還在摸索、徘徊。

僧庚：我對中觀般若、瑜伽也比較喜歡。

南師：對中觀瑜伽的喜歡，據我聽你講話，是意思上面偶然高興的喜歡。等於那位法師，他學經濟的也喜歡藝術一樣，是偶然的。比方吃飽了飯，偶然來點點心也蠻喜歡，重點還是吃飯。有什麼其他的問題？你剛才幾個大問題啊，都有記錄的，逃不了，是我給你逼得逃不了的，不是你逃不了啊！那麼你現在個人的小問題沒有了？就是這樣？

僧庚：對對對。

南師：有道沒有道我不問，先問你有腿沒有腿？那麼，兩條腿盤起來打坐可以多久，多長時間？

僧庚：大概有半個小時到一個小時。

南師：再長一點坐不下去，有沒有坐過？

僧庚：再長一點要很勉強了。

南師：對。你每天這樣坐多少次？

僧庚：就是早晨和晚上。

南師：堅持嗎？這五年同念佛一樣，不堅持吧？偶然佛來念你吧？

僧庚：晚上都要坐的。

南師：啊！晚上一定坐。早晨起來不一定坐了？

僧庚：早晨起來有的時候就不坐了。

南師：對，你現在負責什麼工作？

僧庚：在鄭州洞林寺負責。

南師：哦，你是當方丈住持？

僧庚：不是，不是，暫時在那裏照理一下。

南師：不管，也是暫時的老闆嘛，做頭頭嘛！那個廟子有多少僧眾啊？

僧庚：有二十幾個。

南師：那這一次怎麼會有機緣碰上？哦！對，你也是那裏的弟子，因此來的。那我了解了，我們等一下討論。你的問題都留在這裏，還有別的沒有？

僧庚：沒有了，沒有了。

南師：哦！好，那還有哪一位？

僧辛：阿彌陀佛！我叫某某。

南師：噢！常住院的堂主。咦！他好像有三十幾、四十歲吧？

僧辛：四十了。

南師：古道，好像他年紀比較大一點。他是你師兄，怪不得，我看是有點你師兄的資格。請說。

僧辛：出家時間雖然是很長，各方面都是不太深入。

南師：你是西北人嗎？哦！河南人。出家先習武囉，現在是在常住院，不管禪堂了。這個常住院是少林寺設立的，等於叢林下掛海單，永遠在這個廟子上常住（古道師答：等於少林寺常住的大眾），以前叢林叫子孫堂。你的問題在哪裏呢？講平常的用功，還是從武功講起，也可以。講武功，我嘴巴上也蠻內行的，實際上沒有你們的工夫。我們談一下武功也可以。

僧辛：就是啥都做過，都不太深入了解，談不上啥交流。

南師：你住過揚州高旻寺嗎？金山也沒有掛單過嗎？。

僧辛：沒有。

南師：哦！這樣，古道你替他講也好啊，你比較講得清楚。

古道師：當過會計、監院，一直都是樸樸實實為常住院工作，上早晚殿堂。

南師：老實修行的一個人，那出家二十多年了？（答：二十二年）在那裏規規矩矩的做一個出家人，嗯，真正少林寺的大柱子。某某師父！你有沒有什麼特別的意見、問題，我們倆討論？等想好了，明天後天都可以。那麼你平常早晚是一定打坐的吧？

僧辛：也不經常坐。

南師：那麼你每天都練武功嗎？到現在沒有間斷過吧？

僧辛：也不經常，忙起來就不練。

南師：你年輕的時候練的什麼拳呢？練的哪些工夫啊？

僧辛：少林拳。

南師：普通一般少林的，沒有特別的？哦，好，那我了解了。現在是南

方來的法師，老朋友，請說。

僧壬：阿彌陀佛！我是武夷山來，這次非常感恩，南老師給我們這麼殊勝的因緣，成就了我們。剛剛聽了各位同參道友的學習心得，應該說感受很深，他們對宗對教都非常深刻的了解。我出家是比較多年，但是不通宗也不通教，當然學習修行也談不上。但那麼多年在佛教寺廟裏，現在談談個人的感受。

南師：對，這個最好。

僧壬：我想我們出家，真正最重要的問題，就是解決生死的問題，但是我們對生死了解還是不夠深刻，也可以說對生死還是不切。因為任何一個人的出家，都有他的一定因緣。記得我一九八〇年出家的時候，第一次我到鼓山，想在鼓山出家，就拜望了當時的普雨大和尚，他是鼓山的方丈。

南師：那他年紀蠻大了？

僧壬：哎！那個時候七十多歲。他問我，你為什麼要出家？

南師：對。

僧壬：我那個時候很膽小，一看到大和尚，很威嚴、莊嚴，很怕。但雖然怕也勉強講出來了，我說我是為了「了生死」。實際上來講，那個時候也不知道什麼叫「了生死」。他講，你這句話是學來的，不是你內心上講出來的。

南師：了不起。

僧壬：但是在我當時來講，應該真的是從內心上講出來的。因為我出家有個因緣，簡單的講一下，跟大家分享。

南師：詳細講，我們好討論。

僧壬：哦！謝謝。我七八歲的時候，得了一種病，這個病也不知道怎麼來的，就是兩條腿，開始可能還會走一點，不知不覺中就不會走路了。後來慢慢就躺在床上不會走了，也就是下半身都不會動。當時就到各個醫院治療，又針灸啊，各種方法都用過了，還是沒有辦法治好。那是文革以後，這個佛法基本也看不到，但是我家裏頭，應該是很好的因緣，我父母都信佛，周圍很多居士。有的跟我母親講，你這個孩子啊，只有一種辦法，有一種

經，叫《金剛經》，念那個經會好。當時反正就是死馬當作活馬醫吧，就從醫院回家了。

以當時來講，文化大革命時期，對佛法的控制是非常嚴的，應該說，一般的人家裏頭沒有這個經。但是我家怎麼會有這個呢？因為我母親非常信佛，文革的時候，那個師父講，馬上要破四舊，佛像都要打掉，經書都要燒掉。我這個經書，你幫我挑到你家裏頭去。那個時候應該是冒著生命危險，就把經書挑到家裏頭。所以我家裏文革的時候藏了很多的經書，其中就有一本《金剛經》。

從醫院回去，我母親把我就放在樓上，就吃長素，每天早晨念七遍大悲咒，手拿《金剛經》。就這樣子，念了七天後，這個腿真的就好了。所以說，在我很小的心靈裏頭，對佛教的嚮往和信仰應該是非常真誠。這個是六七歲的時候就已經有這麼一個因緣了，所以我十三歲的時候就皈依了。皈依以後，一般到其他地方都不會很感興趣的，就是到寺廟去特別感興趣。我始終在想，為什麼對寺廟會有種嚮往，感興趣，到現在我也說不清楚，也只

能按佛教來講，是一種緣份的問題。

我高中畢業以後出家了，我當時發了一個願，因為我想，如果沒有佛教，我那雙腿肯定不會好，那肯定也就沒有我今天，所以我當時發了什麼願呢？佛法給我新生，我為佛法一生！佛教啊，給我新的生命，我必須把我的生命再奉獻給佛教，回報它，是帶著這麼一個願出家。當時出家在福州，但是我出家之前，那個時候剛好經常看《西遊記》。因為剛剛十一屆三中全會，破四舊、立四新，我看了那個唐僧、孫悟空，我想我將來出家一定要像唐僧穿著紅祖衣一樣，那多莊嚴啊！那時很小，也不知道什麼，心裏頭就想，我如果出家能拜一個禪宗的大德師父，該多好！那個禪師啊，非常灑脫，非常瀟灑。但我什麼也搞不清楚，只是有這麼一個想法啦！出家以後，總是沒有遇上禪師的因緣，但是心裏頭對禪宗，始終特別的嚮往。

後來，就是一九八〇年十二月份，就到蘇州靈岩山讀佛學院，我的剃度師父就是北京的上傳下印法師。當時我為什麼會拜他，因為我打聽到，他是虛雲老和尚的徒弟，他一定懂禪宗，我想向他學禪。後來我要向他學禪的時

候，他說自己也是念佛的，沒希望了，我就在靈岩山學淨土，就一直念佛。對念佛，在我的個人感受是這樣子，因我喜歡禪宗的理，就用禪宗的理念來指導我怎麼修念佛，那念佛裏頭啊，我個人呢，有一次……

南師：對不起，岔過來問一句。你用禪宗的理念去念佛，是怎麼念法？

僧壬：我是這麼念的啊，比如說我沒有念「南無」，就是只念「阿（喔）彌陀佛」。

南師：對不起，你先停留一下。阿（a）彌陀佛，以後記住，大家改啊！念「阿（喔）彌陀佛」是南方搞錯誤了，你們諸位出家的注意啊！譬如你們做早晚功課，看到咒語梵音部分，有個「唵」字，在中國從清朝入關以後，大家都念成「唵（安）」了。實際上，諸位注意哦，所有的音聲都是咒語。記住，這句話不是我告訴你，是佛告訴你的，出在哪裏？毗盧遮那佛大日如來的經典，注意哦！「一切音聲皆是陀羅尼」，一切的聲音都是咒語哦！換句話說，一切音聲也都是觀音法門。這兩個要點你們注意。那個師父不是喜歡講教理嗎！這些大教理要懂。

我十幾年前在廈門，給大家也講過吧，所有的西藏密宗的咒語，或者中國，唐朝傳到日本的一切咒語，只有三個根本音：「唵、阿、吽」。我們早晚功課本上寫的這個「唵」字，為什麼都念成「唵（安）」呢？因為唐代的音，用閩南話、廣東話是「唵」是（嗡）音，所以西藏現在念咒語，你看，「唵嘛呢叭咪吽」，唵（嗡），頭部的音，這樣念的。後來蒙古人學西藏，但是蒙古人發音有鼻音了，由「唵（嗡）」變成蒙古發音，到元朝是「唵（ang）」慢慢變成南方人「唵（安）」了，現在放焰口念成「唵（安）」，小調了。

呵！我還經常給你們講故事，我小的時候，別人家裏死了父母，請和尚來放焰口，我的同學就來叫我，「快來，今天晚上去看和尚戲。」我說，「和尚戲，誰演的？」「和尚演戲啊！來來，去看放焰口。」焰口就是瑜珈焰口，那個和尚坐著，念「唵……嘛……呢……叭……咪……吽」。

我同學說：「你聽吧，這個好看吧？」

我說：「好看啊！」

他說：「他在罵人唉！」

我說：「他怎麼罵人啊？他不是唱得很好嘛！」

他說：「唵，你媽聽我哄。」

「你媽」，因為死的是老太太，我們南方人騙叫哄，就變成「呃，你媽聽我哄」了。「唵阿吽」是根本音，「阿彌陀佛」是阿部的音，根據原來的梵音（Amitabha），「阿」是開口音，一切音聲都從這個開始，所以，華嚴字母第一個音是「阿」字。你聽宏忍師唱一下，她華嚴字母唱得好，只唱兩個音就可以，我再說明一個事。（宏忍師示唱華嚴字母）

謝謝！剛才你們聽到了，我看你們一聽這個唱念，心境都寧靜了，這是觀音法門。所以，廟子上早晚的五堂功課，正統唱得好的，叫軟修法門，這個法門可是軟性的，柔性的，降伏一切魔。「阿……」一開始唱，一切魔都下去了。所以，剛才宏忍師在唱這個字母，「阿」字發音的轉折，「阿、歐、烏」這些音是翻譯過來的，我們中國的反切音，注音字母是這個來的，是佛學裏頭來的。你想，假使在嵩山少林寺，幾百個和尚夜深人靜，同聲這

樣一唱，整個的山林都變色了。那個莊嚴那個偉大，可真是不得了。要唱正統的哦！唱得像現在唱戲、唱歌一樣時髦，那就不行了。像時髦搖滾樂「嗨喲嗨喲」，就動起來了，所以念咒子念經，像搖滾樂的音樂，那是害人。要注意，這個軟修法門是佛法裏很重要的，所以唱念一定要學好。

剛才講到「阿」字，所以叫她唱一下，「阿」字是開口音，為什麼開口，一切眾生不管豬牛狗馬人，一生下來第一個發音，開口就是「阿」字，那個小孩子生下來「阿，阿」，第一個只會「阿」字。「阿」字開口，「喔」不同，你看你念，自己念「喔」，嘴巴要合攏，聲音向下墮的。這個「喔」字音在華嚴字母由「阿」字唱念轉折，穿插的有一個「喔」字在裏頭。轉好多次了，才轉到「喔」的音。

所以真正念佛淨土法門，念的是「阿……彌陀佛」，你們應該曉得，「南無」兩個字翻譯的是皈依，「阿」是什麼?「阿」字的發音是梵文，無量大，無量無邊，不可知，不可思議。八千萬億法門都在「阿」字裏頭，不可知、不可數、無量無邊。「彌陀」，剛才這個師父，還有一位師父講到光

明，「阿彌陀佛」，就是無量的光明，無量的壽命，宇宙萬物都毀掉，只有光不生不死，它永恆存在，所以叫「阿彌陀佛」，無量光壽。因此中國的道家，把「阿彌陀佛」拿去，見了面講成「無量壽佛」，實際上他在念「阿彌陀佛」。淨土宗有本經典，不是彌陀經，叫《無量壽經》，就是《阿彌陀經》的廣本。「阿彌陀」就是無量壽無量光。所以念成「阿」字，你們千萬不要念成了「喔」字，要改正。不過他們念慣了，如果功力很深，你不要叫他改了，念錯了也可以成功的。

你們看過我的書上有個故事，你們記得嗎？當年，在西藏邊疆山溝裏頭，一個清苦寒冷的地方，有個可憐窮苦的老太太，住著茅蓬，堅強活著。老太太有一個本事，就是會念「唵嘛呢叭咪吽」這一句。有個喇嘛活佛，從西藏到漢地四川來弘法，以前沒有公路哦，都是走路或騎馬出來。他走到山頂上看到山溝裏，嘩！有五色的祥光，光明閃亮，不得了，這一定有得道的修行人在裏頭。這個喇嘛就從山上慢慢走下來，走到山溝裏一看，是個很窮苦的老太太，他就向這個老太太行禮。這個老太太以為喇嘛師父來化緣，她

說，哎喲，我窮得不得了，也沒有什麼供養，就把吃的雜糧糌粑供養師父，師父馬上接受了，說謝謝。因為最窮苦老太太的這一點供養，等於有錢人多少億也不止。師父就問老太太，你在這裏多少年了？

「三十年了。」

「你學什麼佛法？」

「我什麼都不懂，師父啊！」

「那你做什麼？」

「我只會念唵嘛呢叭咪牛。」

原來他在山頂上看到空中這樣大的五色的祥光，就是這位老太太的。他說，「老太太，你怎麼念啊？」

「唵嘛呢叭咪牛、唵嘛呢叭咪牛。」

「嗡嘛呢叭咪牛、嗡嘛呢叭咪牛」，等於我們「阿」字念「喔」字一樣的。這個活佛一聽，他說：「哎呀！老太太，你真了不起。不過你念錯了三十年，不是嗡嘛呢叭咪『牛』，是嗡嘛呢叭咪『吽』。」老太太說，

「喲！師父啊，我三十年白念了，原來是唵嘛呢叭咪吽。」師父告別了，到了山頂，回頭一看，沒有光了，這個活佛一想，哎呀！壞了，我害了人。她三十年念下來已經成就了，唸者念也，念是心念，她心念一起疑情就完了，什麼都完了，貪嗔癡慢疑，一疑，什麼都垮掉了。這個活佛一看，「嗨呀！罪過，我的罪過啊！」趕快跑下去，再找到老太太。

「哎呀，師父你又來了。」

他說：「我對不起你。」

「什麼事？」

「我剛才跟你開了一個玩笑，你那樣念是對的，我講『唵嘛呢叭咪吽』是開玩笑的啊！」

老太太說：「喲，師父啊！不要跟我開玩笑啦！我對的嗎？」

他說：「你對的！你對的！我那個『唵嘛呢叭咪吽』不對的！」

活佛到底懂方便，所以教你們告訴人家念「南無阿彌陀佛」，萬一她念了習慣硬不肯改，接著念「阿（喔）彌陀佛」喔下去也能成就，反正佛法是

圓融無礙的啊！

「吽」這個發音是「哄」，丹田的音；「阿」是開口音；「唵」是頭部音。「唵」不是「安」哦！你看嘴形，最後閉下來那個音，那個帶到頭腦，一念「唵（嗡）」字，頭就出汗了。所以學瑜珈的，就只念一個字「唵……」，這個氣就向上面衝動了。「阿……」，這樣打開你一口氣念完了，不要故意去吸氣，你自然吸氣。譬如像剛才僧丁師父講，胸口這裏一坨難過，不要說他的大悲咒已經見效，就是開口念「阿……」一個字，這口氣統統念完了，雜念也沒有，妄想也沒有，一下都徹底清明。

「吽」是短音，不是連著念，「吽」用丹田氣，「吽」從丹田裏發音的。所有煩惱出去，所有罪業都出去了，你念念看。這是念咒子，所以咒語音聲，剛才因為壬師報告到念「阿彌陀佛」，我岔斷你的話，就引出來這麼多，又請宏忍師父唱正統的華嚴字母，現在請你繼續講念佛的心得。

僧壬：非常感恩我們的南老師，給我們這麼多善巧方便的開示。記得九十年代，還沒見到我們南老師的時候，我看到他的照片，讀完他的著作，

就常常想，如果哪一天能夠見到這位老師，那多幸運哦！佛教裏頭講因緣，「諸法因緣生」，因緣成熟了，應該說第二次見到南老師了。剛剛我們聽到宏忍法師，這種震撼人心的音聲，是發自於自性的聲音。「阿」，讓我們每個人都能融入這個聲音的世界，彷彿這個聲音把整個虛空都籠罩了。所以，一切音聲都是陀羅尼，這實在是了不起的啊！

我剛剛講了念佛，實際上我在念佛以前，也參過禪，就是參話頭，參「念佛是誰」，沒到靈岩山之前，起了疑情，一直在參。有時候參的時候也會得到一些輕安。念佛的時候呢，我剛剛講了，就是念「阿彌陀佛」啦，現在改過來還是有點困難。因為我看過《小止觀六妙門》《摩訶止觀》，數息也數了一段時間，後來我學淨土，我改變一下分開念，「阿彌」就讓它吸氣，「陀佛」就讓它呼氣，我是用這個方法。剛念我覺得感覺挺好，有時候念得滿身輕安，這個時間是不長的，大概有個十分鐘二十分鐘，基本上達到一種彷彿是忘我的這麼一個境界，但只是一瞬之間。所以我念佛基本上是這麼念的。念了一段時間，沒有妄想，我就停了，有妄想，提一個字，再有妄

想，再提一個字。這個提一個字的時候呢，我觀照自己這個妄想從哪裏來，到哪裏去。如果沒有起妄想的時候，第二個字我就不念了，用觀照般若這個方法。這樣子念的話，效果挺好。這樣的方法，是因為我鑾喜歡禪宗的吧！當時我看了《虛雲老和尚開示錄》《來果禪師禪七開示錄》，還看了《六祖壇經》，觸動比較大。我想問問題，就是六祖大師第二次聽到《金剛經》，「應無所住而生其心」，「無所住心」這個心到底是個什麼心？這是一個問題。

第二就是，二祖慧可大師請教初祖達摩大師，說請祖師為他安心，達摩大師說，把你的心給我。那這個時候，二祖慧可就馬上回觀返照，尋找那個不安的心，但是找遍了整個身內身外，找不到，這個時候，二祖講「覓心了不可得」。達摩祖師說，我已經為你「安心竟」，我把你的心已經安好了，這個時候二祖當下開悟。我一直在思考這個問題，就是說「覓心了不可得」，就是不可得這一顆心，這個尋找來尋找去都一直不可得的這個心，跟前面《金剛經》「應無所住而生其心」，這兩個心是不是一樣的啊？

我現在事情比較多，就是起先南老師開示我們的，惠明大師向六祖求法，六祖告訴他，「不思善不思惡」，這個不思善不思惡這顆心，只是第六意識的無分別心。就是說，我經常對這個心，比較觸動。有時候我坐在那個地方，就在觀心，這個心在不思善不思惡的時候，我的心在何處？過去心不可得，未來心不可得，現在心也不可得，什麼三心了不可得，這個時候我們的心在哪裏？我是這麼一個想法啊，不知道是對不對？就是當我們在不思善不思惡的時候，比如二祖說「覓心了不可得」，他去尋找的這個心，是不是他的本心？他怎麼去覓心，什麼人在覓？誰在覓誰在尋找？這個禪宗裏頭啊，就是層層剝離，一直在追因啊，一直追到山窮水盡的時候，追到不可再追，就是「百尺竿頭」的時候。我就想問這幾件事，請南老師給我們開示開示。

南師：那就是你這幾年一直都在這個裏頭用功嗎？

僧壬：對，都在這裏。

南師：就是提一聲佛號。

僧壬：對，我基本上就可以達到這個，比如說，我坐下來，兩分鐘馬上就可以進入這個境界。

南師：呃，那晚上我跟你玩玩禪宗吧。

僧壬：呵呵呵！阿彌陀佛！

南師：達摩祖師問二祖怎麼問的，你找我幹什麼？不要照你們那麼講。你們是照書本上記的講，那個禪宗就被你講死了。是這個姿勢，「喝！你心不安，拿心來，我給你安！」二祖說，「找不到心」，文字叫作「覓心了不可得」，你以為二祖那個時候還去找心嗎？他這樣一問，二祖一愣，心是找不到的，「覓心了不可得」，並不是說聽了達摩講的話，再去找那個心。二祖原來是個大學者，也在香山打坐九年了，那麼笨嗎？你們書都沒讀懂。

達摩祖師說：「拿心來，我給你安！」「師父啊，心找不到。」「好了嘛！」就是這個，「我為汝安心竟」。你們照文字一講，呀，我已經把你心安好了，還打起椿子來！這叫禪嗎？聽懂了吧！我現在演禪宗給你們看，你懂嗎？

所以禪宗祖師叫棒喝，這樣講「拿心來，給你安，來！」一下就把你所有的妄心都嚇住了，沒有了。「師父啊，心沒有了，找不到。」「噢，好了嘛！」就這個道理，聽懂嗎？照你那麼解釋，東一針西一線，王大娘的裹腳布越拉越臭越長，那還叫禪？

在大庾嶺，惠明最後拿不動衣鉢，就說：「師父啊，我不是為衣鉢，我為求法。」好，什麼都不要想，善的不要想，惡的不要想。呃，他停了一下，「我問你，這個時候，你的本來面目在哪裏？」這個時候惠明開悟了，開悟是曉得一點點。如果照文字問我，「南懷瑾！你不思善不思惡，現在是什麼心啊？」我答「我不思善不思惡這個心。」那你怎麼辦？六祖也拿你沒辦法啊。不思善不思惡，這不是一個心嗎？不過，這個心在幹什麼？在不思善不思惡而已嘛！還不是仍然有一個心。懂了吧？這叫禪宗，禪宗不能講，一講就錯的。就是這個小朋友講的，這就是事入，也是理入，看你證得來否！證不來，在臨濟就是說，懂了吧？不懂，去！出去！這叫臨濟喝。你以為動不動人家一進來就給他「喝！喝！」，那臨濟不是瘋子，一天到晚在喝

嗎？喝個什麼啊！他只是對機應教跟你講，你聽不懂了，去去！這叫喝。

所以雲門是三個字「顧鑒咦」，我說你們懂個啥啊！大家亂講禪宗，顧是怎麼顧啊？一進來，他盯住你一看，走幾步路盯著，看著你；「鑒」，仔細觀察你；最後看你，不對了，「咦，去吧！」「顧鑒咦」那個「咦」，就是看了半天，你這個傢伙算是什麼參禪！「唏，咦！」江南人一看這個東西臭死了，喜歡說「咦，這個臭死了。」這叫「顧鑒咦」。這是禪宗的教育法，還跟你們坐著這樣談，這樣討論，這樣研究？這叫參禪嗎？參個什麼啊！

「覓心了不可得」，「過去心不可得，現在心不可得，未來心不可得」，佛都告訴你，空了就對了嘛！你還要去找個心，還在那裏東找西找，那就越找越遠了。

嘿！禪宗，所以我說你們現在參禪，語錄都看不懂。有些祖師是福州人，他講那些話是福州音，你亂猜再加文字解釋，完了！所以我說，到了廣東以後，才懂了達摩祖師答梁武帝的話。達摩祖師初來，先到廣東上岸，學的是廣東話，廣東話在南北朝到唐朝時是國語，福建話是宋朝那個時候的國

語，我們現在講的國語是北方來的，就是河北的話，加上滿州蒙古話改良的。

所以語錄上講，梁武帝問達摩祖師，「什麼是聖人？」你們看到「不識」兩個字，認為是「不認識」，錯了。「唔識」，廣東話「不知道」，閩南話叫作「莫宰樣」啊！什麼是佛啊？「莫宰樣」啊！就是不知道，有個知道，已經不是了。語錄不是文字，語錄就是白話，你看現在白話文寫的「的呢嗎呀啊」，就是古文的「之乎者也」，這在當時也是白話。

休息休息再說，吃了一點禪味了吧？禪，你們沒有吃過的，還不知道。所以我是幾十年沒有講過禪宗，一講禪宗，早把你們嚇跑了。五祖演曾說，我一輩子也沒有講過禪哪！他說我不敢講禪宗，我要真提倡禪宗，「門前草深三尺」。怎麼叫「草深三尺」？懂不懂？鬼都不上門了！

不要急，不要催時間，休息一下再來。他們年紀輕，為他們多講一點。

講禪宗是「門前草深三尺」，你們還要恢復禪堂，「你媽聽我哄」，呵呵呵呵！

第五堂

內容提要

佛為什麼來

你為什麼出家

釋迦佛修什麼

諸位回到本位。我們今天第一次見面，今天一天就過去了。你看光陰，諸法無常，一切皆空，過了就沒有了，再拉也回不來了。拿文學境界，唐人的詩來形容，「江水東流去不回」呀！你們早晚功課念的，「是日已過」（眾說：命亦隨滅），對呀！我們的壽命少活一天，等於魚一樣，少了一口水了。這個生命是無常，你看我們大家約好十六號，這裏大家為了歡迎你們這些大師大菩薩來，不曉得怎麼弄，緊張得要命。結果忙半天，你看就是那麼玩一下，一天就完了，生命多短暫，這個裏頭都要體會。

今天剛開始，因為我跟你們都沒有見過面，或者見過一兩次面，都不了解。平常我跟你們見面，就是隨便世法的應酬，你好我好大家好，彼此騙幾句話，你騙我我騙你，恭維一頓，「哎呀，老師早，老師好，老師不得了，老師起不了。」都是隨便應酬，一講起真話，就那麼短暫。

現在我們以禪宗來看三藏十二部，看顯教，看密宗，看八萬四千法門，都是亂說。為什麼世界上有個佛，大家知道嗎？從印度開始，到二十八代達摩尊者來中國以後，直到現在，以禪宗的傳統，歷代禪宗祖師告訴你一句

話，「佛為一大事因緣出世」。

佛本來不需要來的，就為了一件大事情來，什麼大事？生死問題。人怎麼生來，怎麼會死掉？既然人生來又會死掉，何必生來呢？所以當年在杭州，我還年輕，十幾歲，到基督教堂聽神父講，上帝創造了人。下課後，我說，你亂講，上帝照自己的樣子創造了人，上帝很胡鬧的，既然造出來又何必死掉，不是多餘嗎？你說照他的樣子，他的樣子就很不好看。造人也不會造，你看前面這一面，眼睛看見、耳朵聽見，都在前面，後面什麼都不知道。把人造成這樣，完全造錯了的，鼻子放在這裏，完全不對，鼻子倒轉來長，我們鉛筆一放就放進去了，牙刷有時候就放這裏了，嘴巴長這裏錯了，長頭頂這裏嘛，吃飯一倒就可以了。眼睛嘛，前面長一隻，後面長一隻，也不會出車禍。耳朵，上面長一隻，下面長一隻，地下也聽得見。他亂造，還沒有我造得好呢！我們當年研究基督教的時候，我說，你們那個是亂扯，不聽不聽。

那佛為什麼出世？佛為一大事因緣出世，生死問題。為什麼我們人會生

來，為什麼一天天會過去，會老會死去？這個宇宙萬有，這個世界形成了，將來有沒有世界？會不會毀滅？都是生死問題。佛為這個事情來的。

古道師告訴你們的，到老師那裏談話有個毛病，講一半，會問問題，趕快準備。我笑古道師，亂漏消息，這個你準備得了嗎？你準備了我也許不問，不準備的我偏要問。

現在我問你，你們都是出家學佛的，佛有十個代號，第一個代號叫什麼？誰答出來？（僧甲：如來）你答一半，本來想給你一塊，現在只有五毛了。第一是如來應供。所以你要讀《大藏經》啊，古代有一些佛經，有些翻如去，好像走掉了，其實沒有走。如來，好像來過這個世界，又像沒有來。可以翻如來，也可以翻如去。

佛的號第一句就告訴你了，這就是禪，好像來過，釋迦牟尼佛是不是好像來過啊！好像也不是他（指座前的釋迦佛像），這是塑造他的樣子，他好像來過，也好像不在，其實還在，所以如來如去。如來來幹什麼？應供。應是什麼？答應，需要，相應，我們需要找個對象來崇拜、供養、求法。所以

如來應供，是第一個名號。剛才僧甲答覆我，「如來，應供」，不對的，那變成十一個名號了。

第二個名號叫什麼？（答：正偏知）答對了！無所不知，什麼都知道，世界上沒有一件事情他不知道，天上天下無所不知，而且他是「正偏知」，不是偏向的「偏」哦。

第三個呢？（答：明行足）你倒蠻不錯，年輕人。明行足，一切都明白，大徹大悟。修神通有神通，修智慧有智慧，修什麼就是什麼。一切的明行不只是通哦，通只不過是個通，光通不明不行哦。所以五通是馬馬虎虎，小乘境界，大菩薩是五明，什麼都透徹了，這叫「明」，所以明行具足圓滿。

第四個呢？「善逝」，如去。怎麼叫「善逝」？中文兩個字你解釋，會嗎？拿白話來解釋，啊，你（僧甲）聲音只有這樣大？大一點行嗎？（答：消逝了）講文字沒有錯，他講得對。消逝的「逝」，講白一點「死得好」，善逝，好好的死，不是痛死不是苦死，也不是別的死，是走得特別乾淨。相

對的是「如來應供」。

第五個，「世間解」，這是講入世的話，世間一切無所不理解。上面四個答覆這個代號，代號就是綽號了，你們看過《水滸傳》嗎？你懂不懂《水滸傳》的綽號？你講講看，把外號跟本名兩個關係合起來。

僧乙：我覺得綽號有一定的含義。

南師：對對。怎麼樣含呢？其實我書上都有，你看「及時雨——宋江」，下雨啊，你看多好，夏天正需要，送到江裏去了，這個雨一點都沒有用。

「智多星——吳用」，智慧很高，本來很好，結果叫「無用」，一點都沒有。

「黑旋風——李逵」，像本如師、古道師，經常沒有理的時候，就要跟人家打架，道理虧了，只好拿拳頭出來亂打。

「霹靂火——秦明」，那個脾氣大的人，就蠻好，他們道理很明白。

「兩頭蛇——解珍」，這個傢伙兩邊挑撥的，這種人啊，現在社會上很

多。做老闆蠻發財、還升官，兩頭蛇，東拍馬屁西吹牛，一步一步向前進。你把《水滸傳》一百零八將的綽號跟名字一配，原來是罵人的，罵得一塌糊塗。

所以，佛的十個名號，「世間解」，世界上，你講話講不過他，他什麼都給你解答得了。下一個是「無上士」，沒有一個讀書人智慧能超過他的，是至高無上的知識份子。然後是什麼？（僧乙：調御丈夫）「調御丈夫」，最好的教育家。他曉得怎麼教育你，這個該修白骨觀，那個該修止觀，這個該參話頭，那個該念咒子，該念大悲咒，他知道每個人的根器，都清清楚楚的，像調馬一樣都給你調好。「天人師」，人中之師，天人之師。然後呢？「佛」；還有一個是「世尊」，世界上最了不起的。所以如來有十個代名稱，這十個別名是勉強形容。總而言之，他這個人，行為也好，智慧也好，你形容不完的，是多方面了不起的一個人。

現在我們回轉來，佛為什麼來？禪宗講，佛為一大事因緣出世，就是告訴我們生死問題，整個的佛法為了了生死問題。所以我常常講，現在外國

科學開始研究生命問題，生命來源。你曉得現在的人為什麼到太空上去？那是為了追尋那個生死根本是什麼東西來的。人類幾千年都在追求這個，所以才有不同宗教，也有哲學、有科學；佛教裏頭則有禪宗、密宗，各種宗，八萬四千法門，大家都是修啊修啊，不知道修個什麼！為什麼出家要修行，自己也搞不清楚。出家不是玩的，先要搞清楚自己的問題，都是為了如何了生死。生命是怎麼來的？怎麼去的？參話頭叫你參的也是這個。現在人叫你亂參，參個「念佛是誰」，在過去這個是最差等的話頭，所以不參這個。這是宋、明以後的事，因為淨土宗流行，才參這個話頭。

過去叫你參的話頭是「父母未生以前本來面目」。爸爸媽媽沒有生我以前，我究竟是個什麼東西？哪裏來的？是參這個。所謂話頭，就是問題。現在都參這個「念佛是誰」？這個話頭現在最不能用了。像我年輕時候一提這個話頭，我就笑，這還要參？你問我「念佛是誰」？我說「是我」，我在念佛；「誰是我呢？」哎，我說那是問題了。那我現在講話，誰在講話啊？我怎麼會講話？你怎麼會聽話？你是誰？是腦袋聽話？還是身體聽話？還是

另外一個東西聽話？所以說「念佛是誰」，念佛是我啊！你如果問我講話是誰，是我講話啊。我不參這些的，起不了疑情，不會使我覺得是個問題嘛。所謂疑情，是提出懷疑，永遠解決不了的問題。譬如雲門祖師，人家問他什麼是佛？「乾狗屎」。那你懷疑，那麼偉大的佛，他叫「乾狗屎」，這是什麼意思啊？這也是問題，所以叫參話頭。參話頭三個字是研究問題，參話頭的路線怎麼走？方法怎麼走？慢慢講給你聽。

先說佛為一件大事因緣出世，告訴你如何了生死，生死怎麼來的。我們今天剃了光頭，離開父母家庭出家，不是出來玩的，目標要搞清楚，是跟佛去學，不是研究學問哦，所以我常常叫你們參什麼話頭啊！我說你們最好參佛，他現成的太子不做，現成的皇帝不幹，現成的老婆那麼漂亮的兩三個，還有很多宮女不要，現成的功名富貴，都不要，為什麼跑出去出家？也沒有人家打他的國家，什麼也沒有，他為什麼走？

我說，那樣才叫學佛。你們年輕人學佛，「我說你貴姓啊？你爸爸幹什麼？」「我爸爸做皮鞋的。」那釋迦牟尼佛爸爸不是做鞋子的，他是做皇帝

的，他連現成帝王都不做，跑出去出家。我說你們學佛，等於許多讀書人告訴我，「老師，我要替你做事。」我說「多少待遇？」「哎，老師，替你做事還要錢嗎？」我說我最討厭這個話，讀書人口口聲聲不要錢，不要名不要利，我說我想求名求利，求不到哎！只好說不要。怎麼不要名不要利呀？求不到，假充清高。

釋迦牟尼佛什麼都現成的，為什麼出去出家了？這是話頭。你們都是佛學院出來的，有沒有研究過他？怎麼不參這個話頭？

你看佛經把釋迦牟尼佛描寫得好笨喔！哎喲，今天出了東門，看到老頭子，就問旁邊的，這是什麼？這是老先生、老太太。「怎麼那麼可憐？」「哎呀，太子，你不知道，人活著慢慢就會變成這樣老。」他看了很難過回來了，第一天懂得老。第二天又出西門，看到抬死人，「唉，這是什麼？」「人死了，死了就抬出去埋了。」唉呀，很可憐，又回來。

好笨哪！他會那麼笨嗎？四天出了四門，才知道了生老病死苦，真是把他寫得笨透了。「生老病死」是人生四個階段，一定會老會死，人能不能逃

過生老病死？生老病死是誰也逃不了的，但是怎麼生怎麼死？這是大問題，所以他為了這個去出家。此是一。

其次，他為什麼太子不做，現成皇帝不幹要出家？他看到世界上就算做一個了不起的皇帝，把國家整治太平，但是不到二十年還是亂，想幾十年天下社會不亂，永遠做不到的。其實啊！一年都做不到，人類社會吃飽了就鬧事；所以認為做皇帝用政治不能解決問題，那是人性的問題。他出家就是要去找這個答案，他看透了生老病死，自己曉得，就是做了皇帝這個世界他也平不了。那麼總有一個方法，使世界永遠安定，人生永遠平和，因此，他要去找這個，他捨棄太子權位，出家了。

出了家以後，還要十二年修行，為什麼不修十三年呢？又不修九年呢？印度當時不是佛教，出家不是他創的啊！印度幾千年的文化從古代到現在還是一樣，出家修行的人多得很喲。所有印度各種各樣學派，婆羅門教、瑜珈學派等等，到印度觀光是看不到的，要深入山裏，會看到很多人在那裏修的。我可以拿照片給你們看，有些人打起坐來，一隻手一舉十年二十年，就

那麼舉著，那個手看到已經不是手了，像一棵樹一樣，有些人是蹺一隻腳。最近尼泊爾釋迦牟尼佛家鄉，有個年輕人十六歲跑到森林裏頭坐了六個月了，現在政府都把旁邊圍起來，不准人進去打攪他，又怕他餓死了。所以釋迦牟尼佛當時出家，他要找一個方法修，他最初修無想定三年。大家都想打起坐來入定，以為什麼都不知道才叫入定，如果仍然清楚知道就不叫作入定，這根本是錯的啊！以佛的智慧、聰明，修了三年才練習到無想定，把思想整個關閉了，一點都不想，之後，經典上怎麼講？四個字：「知非即捨。」他知道錯了！這不是道！這個用人力可以做到，硬把自己腦子聰明變成大笨蛋。

但是你修修看，修到真的心裏永遠什麼都不想，不想的都不想，能夠做到這樣嗎？現在學佛的人第一個錯誤，一上座都想去除妄想，以為妄想是錯。你就問問他，你是想學無想定嗎？就算學好了也是個外道，佛修到無想定，但他知非即捨，錯了，這不是道。所以說，打坐坐在那裏，能夠做到無想就是道嗎？妄念不起就是道嗎？有人說「老師啊，少林寺有個和尚打坐三

個月不動。」我說北京很多廟子前面那個石獅子，坐在那裏幾千年也沒有動過，那也得道了嗎？所以說，無想不是道哦！

這個無想定還容易，他離開了這個師父阿羅邏，再找一個更高的師父優陀羅羅摩子，學「非想非非想定」，這個更難了。無想定既然不對，佛就另外修個法門，「非想」，不是妄想，「非非想」，並不是說沒有想，但不是不知道，也知道，還是有知性。這個難吧！你想想看，你們打坐修過什麼定？

非想非非想定，這也是外道的，他也學了，練了三年才成功，這就是最高的定了。結果又是四個字：「知非即捨」，這不是道，走了。印度這些有高深工夫的境界，他什麼都學了。尤其這兩派最高的他也修到了，知道這個不是道，不是菩提，也不是了生死的究竟，是用人的思想精力可以做到的。等於最高武功也是人練出來的，練得出來的就會有，不練就沒有，有生就有滅，這不是道。因為佛要求證的是不生不滅的，所以把不對的都捨掉。

因此一個人跑到雪山，個人修苦行六年，自己找方法。六年當中，在那

裏修過氣功，廟子上《大藏經》戒律部分都有，你們也不看。他也修苦行辟穀，不吃糧食，最後一天吃一顆水果，都乾癟了，慢慢由二三十歲還不到的人，變成老頭子。他自己跟徒弟們講，當時在雪山練氣練呼吸，練得頭痛腦脹，頭腦好像要裂開一樣，他知道不對，所以放棄了，氣功也不練了，也不辟穀了。這樣前後十二年。然後下山再重新吃東西，恢復年輕體力，然後到恆河邊菩提樹下來打坐。像現在印度，還有個十六歲年輕人學他一樣，在森林裏六個月了，還有錄影出來。

佛為什麼經過十二年修持，然後在菩提樹下成道，講出來那麼多法？這都是問題。剛才說過佛十個名號，第四個是什麼？「善逝」，他還是走了。咦，他為了了生老病死而修行，但他照樣的生老病死！這是什麼道理啊？他也沒有跳過這個過程，也有生，也有老，也有生病，也有死亡。所謂不生不死，不生不滅的東西，到底是什麼東西？學佛要從這裏開始！這就是話頭，疑情，從這裏慢慢去追尋。然後你們研究禪宗經典，光看達摩的理入行入不夠，還要參看其他佛經。

我們今天到此為止，先提出來，學佛是為什麼？為一大事因緣，追的是了生死問題。如何去了？如何去修持？接著再慢慢討論。不管漸修也好，頓悟也好，什麼中觀也好，瑜珈也好，我們要好好討論研究。這幾天不是光聽哦，你每一句話聽了自己要返轉來，在身心做一番工夫，才不冤枉來這裏一趟。不然不必跑到這裏玩了，這個八九十歲老頭子不好玩啊！街上好玩的東西多得很呢！既然在這裏玩，就要玩個究竟了。

我們今天晚上到這裏為止，休息。

第二天

二〇〇五年十二月十七日

第一堂

內容提要

法器　法緣
活羅漢的故事
疑參破定
執著　起用

昨天亂講了一天，我們只有三四天的討論，是不夠的啊！現在還沒有開始，只瞭解了大家平常用功的情況。你們打坐不一定看我，只聽聲音，看我沒有用，我是個假象啊！

有一點我先要聲明，千萬注意，尤其是孫大教授學問好，更要注意這個話。一個人要學佛求法，第一非要把自己構成一個法器不可；這個話你們很少聽到，如果到西藏學密宗，就會聽到了。

怎麼叫法器？法器是個空的，比方，你要把平常所學的東西都倒光，變成一個很好的空杯子，七寶莊嚴的空杯子，這樣人家的甘露倒下來，你才能夠接受。如果說不構成這麼一個空杯子法器，裏頭裝了東西，譬如讀書人，過去、現在的學者，知識學問多了，或者佛學學多了，修行永遠不會成功。因為他不是個法器，杯子裏已經裝滿了，對於別人講的話，釋迦牟尼講的話，祖師講的話，他自認是在客觀的批評，這個有道理，這個同我想法一樣……這就完了，這就不是一個法器了。

所以自己要構成一個法器，乃至已經完全都懂了，都先把自己的丟得

光光的，聽你的。自己變成一個空杯子，空的寶瓶，接受人家的清水也好，牛奶也好，甘露也好，先裝滿，回來再製作過。發現這個是酸奶，不對，就倒掉了。等於釋迦牟尼佛學法一樣，學到了，求到了，修到了，「知非即捨」，實驗到了，覺得不對就丟掉。千萬不要用自己的第六意識，分別知識，就來比較它，認為這個是對，那個是不對，這個符合我的意思……如果那樣的話，就不要學法了。

剛才我帶上來兩個法器，不是為了教你們密宗，昨天要你們集合時，沒有東西當號令，我覺得一搖鈴，大家都聽到了。這個鈴子聲音為什麼這樣好聽？因為它有黃金在裏頭。這叫作法器。學密宗的，這個法器一定要有，這是學法的法器，所以我們曉得，學法，聽人家講的東西，最怕有主觀。

先講點學理吧！你們應該聽過，後面那一位師父（僧庚）應該聽過，他還年輕，我看都是中國人一句老話，滿罐水不響，半罐水就響叮噹。就怕學得不三不四，自己已經裝滿了，什麼都不能接受了，那就白聽了。

我學法時，法緣非常好，一輩子有個好法緣，也告訴你們經驗，這就曉

得我的前生、多生，喜歡結緣布施。乃至自己懂得的一些學問，就想告訴人家，拚命要講，而且講得透徹，怕你聽不懂，想盡辦法給你裝進去。做到了「知無不言，言無不盡」。

所以我一生學佛，學密學禪，我沒有秘密的。只要那個人肯學，我沒有不肯教的。如果保守秘密，留一手給自己啊，那就自私了；我沒有，我所知道的一定告訴你。所以回想我一輩子出來，從十二歲起到現在，開始練武功也好，做什麼也好，都是師父找我，我都用不著找他；常遇到人說，我這個要傳給你呀，我說，師父啊！我不要，我已經沒有精神學了。不行，不行，我一定要教給你。我常常接受了很多東西，這就叫法緣。人生怎麼有這個法緣？講因果道理，是多生累劫自己肯布施出去，法緣自然就好，良好的因緣就來找你了。

譬如我們講一個笑話，這一講都耽擱時間，但是不該那麼想，講出來讓你們知道也好。當年一九四九年，就是國民黨被趕到臺灣的時候，你們這裏頭恐怕還沒有一個六十歲的吧？譚教授你有資格，好。我到了臺灣以後，有

個臺灣人忽然來找我，說他是宜蘭人，在宜蘭山裏頭有很多神仙，學道家、學佛，工夫很好的，都住在宜蘭山上。真的哦！有一首古詩我講給你們聽：

三十三天天重天　白雲裏面出神仙
神仙本是凡人做　只怕凡人心不堅

這首詩，我八歲的時候描紅寫來的，不曉得這首詩出在哪裏，也不曉得誰作的。結果到了臺灣以後，據說這首詩刻在宜蘭山頂一塊大岩石上，不曉得哪一個神仙刻上的。因為相傳在唐朝，道家的神仙，八仙過海，已經有人到臺灣了，在那裏寫了這首詩，所以對宜蘭很有印象。

那個人國語也講不清楚，一半國語一半臺灣話，我也是三分之一臺灣話，加國語，就問他：「你找我有什麼事？」

他說：「我找你學佛啊！」

我說：「你怎麼曉得我呢？我初到臺灣，跟大家言語不通，也沒有名

氣。」

他說：「你有啊，關公叫我來找你的。」

我說：「哎喲，奇怪了，怎麼關公叫你來找我？」我看那個樣子很怪，眼睛很亮，像兩個電燈泡一樣。「你學道家的吧？」他回答：「不錯啊！」我說：「你煉採陰補陽的啊？」「對啦！我採日月精華的。」

他修道家的，每天看太陽，太陽一出海以後，兩個眼睛盯著太陽看，採日的光。這樣眼睛張開看，你們看過吧？不過你要曉得，修道家這個法門，是有為法，萬一將來有徒弟問到，你都要懂。不過我也問他，你天天看嗎？天天採嗎？他說採日的精華，是陰曆初一初二初三，這三天採，平常有另外的方法。採月亮的是十四十五十六，在山頂採。譬如狐狸這些動物，夜裏月亮出來，會盯著月亮看，那些動物在採陰，採月亮的精華到身上。

我問他搞了幾年了，他說十幾年。問他師父是誰，他說是關公。沒有老師，他就拜關公，就曉得什麼法門可以學，什麼不可以學。問他關公怎麼答覆，他說筊杯。臺灣閩南話叫「筊杯」，用兩個木片子合起來，鏗噹鏗啷一

搖，我們求籤詩，求來也要筊杯問過，如果一陰一陽，就對了；兩個都是陽的不對；兩個都是陰的也不對。

他說：「我就向關公求，問這個法對不對，不對我就不修，最後關公叫我來找你。」他就叫我師父，我說我不是師父，那就叫先生，他說那沒有意思。我說：「你叫老師吧，隨便叫啊。你不是我學生哦，我也不做老師的。」

「老師老師！結果我看了三年，後來不對了，兩個眼睛掉出來了！」我說：「眼睛掉出來怎麼辦？」你看這個人，無師自通。他說：「掉出來就掉出來！」眼球掉到眼眶外面來了，多可怕啊！「我沒有嚇住哦，不對我就筊杯，問師父關公，我還練下去嗎？關公說練下去，所以我再練，三個月以後眼睛回去了，腦子眼睛就不同了。」哎呀，我一聽，心裏很想向他磕頭，這種決心我們做不到，他一身工夫。他說：「我想以後的路該怎麼走？就問關公，關公叫我睡覺，夢中告訴我。」你看他們的對話，都是這一套。

「結果夢中關公指出這條路教我怎麼走，我一看是基隆，轉了一個山

頭，他說這個地方，有一個穿藍色長袍的大陸人，那是你的師父，你去找他。所以我來找你，我找得好苦啊！才把你找到。」然後他打開黃布包袱，裏頭包了一大捆書。我問他是什麼書？他說：「我本來有個師父，是湖南人，有道的。他到臺灣來，被日本人抓了關起來，說他是大陸國民政府的特務，其實他不是，他來找徒弟弘法。大陸人話又不通，我就很可憐他，送飯給他，照顧他。原來他有道！他說：我跟你有緣，我活不了半年了，日本人會殺了我。我找徒弟也找不到，這兩套書你幫我收著，將來有一個大陸來的人，你交給他，這個人是你有緣的師父。」

越講越神奇了，打開包袱一看《來注易經圖解》，是明朝很有名的大學者來知德的著作，懂得陰陽五行八卦。這本書外面很少，後來我就把他印出來了。第二本書奇怪了，是祝由科的醫書。這個「祝由科」你們聽不懂，是中國幾千年的文化。這叫符籙派，畫符念咒的，後來湖南郴州一帶還有。以前的人生病不用藥的，譬如長一個瘡，他一來「嗡……」，念一下咒子，在你身上一畫，手把你的瘡一抓，「啪」，就丟在門上，你身上瘡就沒有了，

那個門上就起火了，流膿流血。這是古代的醫，所以叫巫醫，同巫術配合在一起的。五千年文化，在黃帝的時候，這一門的醫術叫「祝由科」，印度中國都有。那本是另外一本抄本。

我打開一看，祝由科！原本以為世界上這本書絕版了，原來還有啊！我說：「你會嗎？」「不會啊，他又沒有傳給我。我一直保留著，日本人搜查，經過好大的痛苦，保留到現在，關公叫我找師父，現在找到您，我交給您了。」

我說：「你交給我也沒有用，我也不會，也找不到傳人，我將來傳給誰呢？」

他說：「那我不管，關公叫我交給您，就交給您。那個師父死以前也說，將來有個師父會教我。」

所以我一生見過奇奇怪怪的這些人太多了，這是在臺灣的故事，你們都沒有聽到過。所以你們學佛，學大乘道，要先行布施。什麼都不要保留秘密，只要真理，凡是對人有利的，就要教給人。布施分兩種，一個財布施，

一個法布施；像我一輩子做的法布施，智慧的施捨，沒有秘密，你要學什麼，我知道的就告訴你，知無不言，言無不盡，叫法布施。

其實布施分三種，財布施、法布施，還有一種是無畏布施。什麼叫無畏布施？（僧甲細聲答）你這個小孩，你聲音大一點嘛！（僧甲：在恐怖的時候，給他精神的幫助嘛！）對，精神的支持人家。我常常告訴大家，學佛有時候說謊是無畏布施。譬如這個人有困難了，「老師啊，老兄啊，你看我過得了關嘛？」「沒有問題，一定過得了關，我支持你。」你支持個什麼啊！自己也顧不了了。可是你這麼幾句話，給他精神一鼓勵，就過去了。譬如有一個想自殺的，你勸他不要自殺，這個事情一定解決得了，不要怕喔。這不是亂吹自己有什麼本事解決人家的問題，而是你給他精神的無所畏懼。

現在我講學佛，先要讓自己變成法器，你們要想一生學佛學道修行順利，先要培養功德，前生沒有做到的，現在開始結好的法緣，正法自然有人會送來給你。不像你們很自私，也許你們不自私啊，隨便講的。一個人如果只想自己求道，別人問你時，說這個很難的，要拿供養什麼的。當然你們不會囉！有些

人會，這不可以的，這不是菩薩行。菩薩行就是一切都布施出去。

剛才講的是如何構成法器。當年我年輕學佛，我的皈依師父很多啊。我那時還是軍官全身武裝，經常在大馬路上看到和尚，我很恭敬，就跪下來磕頭。照規定軍人不能向出家人跪呀，尤其在大街上；可是我不管，我照跪不誤。老百姓看到笑，我回頭一看，這些人也不敢笑了，我當年就是如此。我有個皈依師父，四川成都人，是有名的活羅漢，真的肉身羅漢——光厚師父，他平常不大講話，他的故事很多，我以後有機會再講，現在先講一點。

他又矮，相又怪，臉龐有小洗臉盆那麼大，圓圓的；那個鼻子小小的，只有蒜頭那麼大；嘴巴那麼大，長到兩顋這裏；兩個牙齒、眼睛那麼大，眉毛一點點，嘿，那個怪相！你分開來看，這個人不能看的。可是長在他臉上，一看到就自然合掌叫師父，像看到憨山大師的畫像一樣，那叫真羅漢。

他有一次跟我說，「南懷瑾，你出去參學啊，傳你個法門。」我說：「什麼法門啊？」他說：「先關後開。」我說：「師父，這是什麼意思？什麼叫先關後開啊？」

「嘿，你不懂？你們這些傢伙啊，書讀多了的，出去求學問也好，訪道也好，不要表示自己懂，你懂的什麼都統統關住，聽人家講，叫作先關；人家那一套本事都告訴你了，你再打開你自己的，叫後開。你們犯了一個最大的毛病，就是先開。」

我說：「師父啊，我說你好厲害哦，專門叫我做壞事一樣啊！」他就咧開大嘴，咯咯咯咯笑。「這不是做壞事啊！告訴你，出去參學要謙虛，先關後開。」這是他告訴我，他又不認識字，會講出許多道理來。他也是禪宗哦！他從四川遂寧三步一拜拜起，拜到五臺山上去，到的時候已是夜裏。五臺山後山是壁立萬仞，他從後山拜上去，自己不知道是後山，他看到是路，一步一步拜上去。到了後山的山頂，天亮了，嘩！這個廟子的大和尚，還有好幾百和尚，穿著法衣，站在那裏等。看到他爬上來，大家說，「阿彌陀佛，大阿羅漢來囉！」他是翻山上來的。

「啊啊啊啊，怎麼回事？」大和尚說：「文殊菩薩昨天托夢給我們全山寺廟，今天有個活羅漢到。」「我是個苦惱僧啊！四川人，三步一拜拜上

來，我不是羅漢。」四川話苦惱僧，就是很苦的笨人，煩惱很多。

「哎，文殊菩薩告訴我們在這裏接你的呀，你說你不是羅漢我不管，菩薩講的，所以我們奉命來的呀！你看看，你從哪裏拜上來？你看路！」

「哎喲！沒有路啊，我就上來了！然後把我拖到廟子上去，早齋辦的素菜好豐盛哦，把第一位讓我坐，說活羅漢來，請坐上座。咯咯！我不是活羅漢，怎麼樣我都不肯上座，大家不肯。我肚子實在餓了，管他的，活羅漢就活羅漢吧，坐上吃了再說吧！」呵呵呵，就是這樣一個人，很有意思的。

但是你看他不認識字，那本事大得很。後來一天到晚圍著他的都是病人，每天忙得很。他點一盞青油燈，那個時候沒有電燈，兩排都是病人。他坐在這裏，這個病人過來，說頭痛，他把這個手放燈上一烤，再在病人頭上一按，那個人叫啊喲喲，好痛。「好了，走吧！」你給他錢，他就收；不給錢，他也不問你要，他口袋都是錢，他也不分別，一輩子很忙。

嘿嘿，後來有一天我們倆談話。我說：「師父啊！你好會騙人！」「什麼？亂講。」

我說：「不是亂講啊，你根本不要那個燈，你的指頭就行了，你那個燈是掩人眼目的。」他的功力已經不需要藉一盞燈，故意藉一個火力，好像手在這裏引個電來給你治病，其實他手一放就行了。

他給我頭上打一巴掌說：「不要亂講啊！」所以我到峨嵋山閉關以前，他說：「你去閉關啊？」我說：「對啊，師父！我想將來出家吧！」「你，出個什麼家？」我說：「我沒有資格出家？」「那不是，你不是出家的，不要出家，出家是我們的事。」

我說：「那我去殺人啊？」「差不多！」他就這樣講，「呵！呵！那是笑話。你走了，我也閉關。你去幾年啊？」我說：「我想閉關三年。師父你也進關嗎？」

他說：「我給你看，關房修好了。」他帶我去看，就是在那個城隍廟裏，修個關房，走進關房以後，就看不見人了。有一個柱頭很大，空的，一格一格，東西放在裏頭轉進去，像現在那個電轉門一樣，這樣轉進去轉出來。「師父啊，你進這個關房，連人都不見了嗎？」「不見人。」「幾年

啊？」「九年。」我說：「老人家啊，你不要那麼搞了，我三年閉關下來，我找你，我們倆出去雲遊。」「哎，天下我都走遍了，沒有什麼好玩的。」結果我出關下來，他已經圓寂在關房裏了。我臨走以前說：「師父啊，你把一輩子參禪用功的經驗，老實一點講給我聽，可不要騙我哦，你騙我，我要揍你的。」有時兩個人鬧起來，很會鬧的。

他說：「咄！你們，又讀書又參禪，一肚子的佛法，我懂個什麼！我又不認識字。」

「師父啊，跪的人你看得太多了，我跪也很方便，你要不要我下跪？」

「哎呀！我說我說：八個字，疑、參、破、定、執著、起用。」

一聽他的開示，我回來告訴袁先生——我的禪宗師父，他說：「他真的這樣跟你講啊？他真了不起啊！我求他問他都不講。那你這個人真是到處有緣，人家都是要送給你的，我們求也求不到。」

「疑」，就是禪宗起疑情，自己「參」究用功，參究，不一定參話頭，參話頭只是參的一個方法；「破」參，開悟了，明心見性了；「定」住在那

個境界，然後打成一片，行住坐臥，四威儀中，都在這個如來大定中，「執著起用」，神通智慧一切具備，簡簡單單把全部佛法講完了。

光厚師父的「疑參破定，執著起用」，一切工夫見地都在內，聽了要好好修行哦！不要去吹。你說你也會疑參破定，執著起用，那就是罪過了。剛才講的道理，就是講他老人家吩咐我的一句話，學東西先要把自己倒空，不要拿主觀來分析，拿思想來討論。讀書做學問一樣，看另外一本書的時候，把前面一本書看進來的主觀先丟掉，尤其把自我的主觀先拿開。這個特別重要，先吩咐你們這個事。

有問：是「執著」嗎？

南師：沒有錯，「疑參破定，執著起用」。普通叫你不執著，這時候要執著，執著什麼？執著你那個「一片清淨」，「心月孤懸，光吞萬象」這個境界，隨時在這個境界裏。

休息一下，散一下心，喝杯水，把自己構成法器來，把原來的水先倒掉，好裝新水。

第二堂

內容提要

身體的問題
正確的姿勢
如何用香板

剛才光厚師父講的這八個字，後來下課時候，宏忍師問我，執著是不是就是所謂「保任」？我說，對了！你怎麼不講？剛才我沒有補充，你要當眾就補充，這就是法布施。不過光厚老和尚用了執著這個名辭，這在禪宗叫保任，也叫作打成一片，《六祖壇經》上叫「一行三昧」，行住坐臥都在這個境界裏頭。譬如你們初步打坐，有點好境界，一下座就沒有了，這不算，這個是生滅法，用功就有，不用功就沒有，這個學來也沒有用。

打成一片以後，就是道家所講的，精滿不思淫，氣滿不思食，飲食都不要了，喝一點水而已；神滿不思睡，自然就斷除了睡眠，晝夜都在那個大圓滿清淨境界裏頭，就是大圓鏡智，也就是《圓覺經》上講的境界，自然掉不了的。如果還有變動，上座有，下座沒有，一下有一下沒有，那算什麼？那是生滅法。光厚師父用四川話講「執著」，就是保任這個道理。「起用」就大了，這是補充剛才說的。

這次古道師來，提出你們要辦禪堂，叫我跟你們研究一下禪堂的規矩，由講這個開始，這是小之又小的小問題。但禪堂規矩也複雜，要講規矩的

話，也要講好幾天。我們現在並沒有講，還沒有提到規矩，只提到行香，你們的問題很多，我們現在隨便零碎的先講一下。

譬如打坐，像你們坐起來都有問題。尤其你們這些高僧，每一個武功我看都不行，比我好一點，你拳頭能打死人，我是風都吹得倒。你們每一個人，用四川話說都是勾腰駝背。年紀輕輕的練武功，大概都練壞了，都沒有練對。你看每一個人的背都很厚，可是看你們的相，每一個出家人都有福氣。你們出去有廟子住，皈依弟子很多，有好飯吃。就是《漢書》上，那個蒯通給韓信看相，「相君之面，不過封侯，又危不安；相君之背，貴乃不可言」。那個背很厚，都是烏龜背。你們好幾個都是龜背，我們孫教授也是龜背，有一點福氣。香港那個特首董建華，做生意的，他那個背就是個烏龜殼。當年還有個在臺灣做副總統的嚴家淦，也是龜背；蔣經國也是個龜背；毛澤東的背也不錯，都是龜背啊。

做功夫，背這樣就不對了，所以剛才給你們幾位改了一下，叫你們坐好，還有個辛師父也改過的，現在他改正多了。哪個出來做個模特兒，坐在

中間？丁師父出來最好，剛才給他改過一下，把坐墊放到中間來，你做模特兒，我給大家講一下，你背朝大家，照樣坐好。他這個人，身體很好，坐得也很好；他昨天講的境界，關於佛法方面的，我們以後再談。

背上脊柱由尾閭到頭，整整二十六個骨節（頸椎七、胸椎十二、腰椎五、骶骨一、尾骨一），講小的就不止。在兩塊肩胛骨中間，這裏的穴道，練武功的過去叫「還陽穴」。昏了過去的人，把他拉起來坐著，用腿在脊柱一頂，把他肩膀、頭往後一扳，氣一出來一通過就救過來了。道家稱這裏的氣脈叫「夾脊」，兩個肩胛夾到的。所以不要挺腰，身體放鬆，心氣也沉下，可是兩個肩膀向後拉開，頸椎靠到領子這裏，佛像就是這個姿勢，這樣就頭正尾正了。

有些手短一點，不一定結定印，兩手拉開了，像辛師父，這些身體姿勢都要改過來。你用功修行習慣了，尤其有人的肩膀那裏，你們幫忙改一下。嘴巴上下對好，前面自然就咬合了，這樣打坐，身體氣脈就對了。結果大家坐起來這樣彎腰駝背，你照丁師父原來的坐法，這樣圓圓的很舒服啊，腰鬆

鬆的，可是氣脈不上路了，他肩部一拉開，精神就不同了。

如果你看那個頭有偏的，打起坐來，向一邊偏，那一邊頸部骨節就有問題。所以想要改正，自已曉得注意，就改正了，慢慢氣就走通，身體統統改好了，就是有傷也都會好。你看癸師父也不對，兩個肩膀溜肩的，普通人叫作美人肩，認為女孩子溜肩，走起路來蠻好看蠻漂亮，你看大丈夫男子漢，就不是這樣。

所以你真修行打坐，中國塑的佛像，宋朝以後都是塑的大肚子，那就不對了，你不要看。隋唐以前的佛像，你到龍門、敦煌去看看石刻佛像，都是這樣三圍標準，這就是打坐的姿勢。這個千萬要坐好。至於兩個手短，不能合攏來，就放開，各種手印都可以結。不要聽人亂講，非要這樣，非要那樣不可，不一定的。兩個手太長怎麼辦？那就要放前面去了。

所以，辦禪堂，做堂主，做善知識拿香板，你怎麼指導人啊？幾十個一大坨的肉體，泥巴捏的一樣，亂七八糟就都擺在那裏；你打坐、打七，打死了也沒用，打坐身體姿勢都沒有弄好嘛！這同你練武功都有關係啊！還有這

肚子，如果姿勢不對坐久了，腰椎這個地方會向後面彎起來，肚子自然會大出來了。這個時候自己就要注意向前面傾，屁股朝後面翹一點，否則肚子越來越大，下面兩條腿的氣脈就走不通了。腿的氣脈很重要，兩腿的氣脈不通有什麼用啊！

所以我常常說你們念早晚功課，「皈依佛，兩足尊」，怎麼解釋啊？甲師！聲音大一點，你怎麼年紀輕輕那麼一個聲音啊？（僧甲：福德具足，智慧具足）這是講教理不錯，叫「兩足尊」。講工夫境界就是神足通，兩個腿氣脈沒打通，不能起神足作用，兩腿的氣脈要是打通，就不同了。如果練武功的話，你這一步下去，一走，好像沒有踏到地，在空中走一樣。所以「皈依佛，兩足尊」，坐對了，氣充滿了，氣脈就打通了。

剛才講坐久了，如果坐的姿勢不對，無形中腰椎會向後面靠，當然只好彎曲在那裏，肚子越來越大，兩腿痲痛得要命，心裏頭念的是「我的媽呀！」不是「我的佛！」參的是「媽呀，痛的是誰呀？」所以辦個禪堂，堂主坐在上面，一眼望去，哪個人到了什麼情況，哪個人有什麼痛苦，都清楚

了，這樣才可以去做善知識！不要辦個禪堂，害死了一堂人啊！我這樣講你們不要嚇住了，辦歸辦，害歸害，再說了。

你再到禪堂看，有些真的老修行，年紀大的，坐禪坐了幾十年，雙盤坐得非常好，他根本都在昏沉、睡覺，不在用功。告訴你們，在年輕人面前，他們老輩子自己要睡覺，他頭靠在兩個肩膀上，像兩個架子架住一樣，這樣頭再也不會低了，這樣一來，實際上在那裏舒服得睡覺了。兩個腿熟練了，一睡五六個鐘頭也不在乎。一看，這個老修行在睡，「啪」一個香板下來，這是真打香板了，這叫「警策」，警告你了。這要內行的人，在肩膀那裏碰一下，不是打痛哦，這個手法就要高明。這個香板拿法，練過武功的還會懂一點，「啪」，看起很用力，但打到身上力氣已經收回了，感覺只輕輕的碰一下，絕不是拿個香板「啪、啪」打死人的樣子，那叫什麼拿香板啊？所以要懂這個道理。

先講到這裏，丁師你還是歸位吧！謝謝你啊！拿他來做個榜樣，你們自己改正，因為這個地方不夠大，我沒有辦法轉到你們每個人前面。所以真

正領導禪堂的堂主，或者領導打七的，那是非常辛苦的。換一句話說，一堂有三十個人，你晝夜的精神注意著每個人，完全犧牲，忘記了自己，這叫利他，不是自利的。有這個精神，才來辦修行的道場。現在連年輕的也讓他拿個香板，高興就來一下，那是造孽！譬如說丁師父一樣，剛才你看我去給他改過好幾次，要幫他改正他的頭，要真的很愛護他，輕輕的，等於摸到那個嬰兒，要將就他，使他注意，慢慢轉過來，不能「呱」一下，氣脈就錯亂了。所以光講外形的姿勢還很多，每一點都是為法為眾生，有這個慈悲心理，自己有修持有經驗，才曉得他們到什麼程度，要怎麼指導。

再譬如有些坐坐就歪了，你看到了，是拿香板去碰他呢？糾正他呢？還是隨他呢？這就看情形了。有時候這個人，身體這樣歪，當時他正用功得力，念頭非常專一，很清淨，你不能碰他的，你一碰他，把那個境界碰壞了。他身體歪了，是身體的問題，身體骨節不對，就曉得裏頭的心肝脾肺腎，哪一邊出毛病。你等到某一個時間，再幫他轉過來。你只能夠過去輕輕的碰他的身體，好像沒有動，好像又在動，慢慢給他轉過來。如果這樣一轉

動，會影響他心的那個境界，你就在耳邊告訴他，「非常恭喜你，你正在好的境界上，你不要動念，我幫你改變外邊姿勢」，這樣對他身心都有利。所以做一個善知識領導徒弟，領導新學的人，如「雞之孵卵」，要像老母雞孵小雞一樣的精神，隨時保護他，隨時糾正他，這都要自己切實用過工夫才可以。所以禪宗祖師說的話，「欲知山下路，須問過來人」，你不是過來人，怎麼指導人家啊！

還有，譬如有一個人，靈源法師，虛雲老和尚的徒孫，其實是虛雲老和尚親自剃度的，不過把他的名份擺在徒孫輩上。從他師父託我，再加上他俗家的表叔姓秦，是唯識大家，也修天臺宗，也修禪宗，曾在四川託我，說他有個表侄，開始是去做道士，後來不做道士做和尚，叫靈源，就上不了路，拜託你了。所以當年我從峨嵋回來，他跟我到臺灣基隆，建了大覺寺，現在大和尚惟覺法師就是他的徒弟，那威風凜凜。

為什麼講到他？出家參禪一輩子沒有用，肚子大大的，背這樣厚厚，坐起來一坨，就像一個圓球，才上座就昏沉，一路昏沉到底，到我手裏都沒有

辦法把他改好。那真要改呀，要痛打一頓才行！我也懶得管這個事。那真要打是打什麼？把他這些穴道、氣脈、骨節都轉變過來。譬如丁師後面坐的這位丙師，經常愛打哈欠，是愛睡覺還是什麼？你常常「哈—」，為什麼？不是說你不對哦！是問你的身體現狀。是經常想睡嗎？（答：昏沉）就是他頭部這裏氣通不過，腦部氧氣不夠，年紀輕輕，就經常打哈欠了。坐起來頭腦容易昏昏的，對不對？（答：對）頸椎那裏有問題了。你下座叫人給你看看，調整一下，或者需要，在後面那裏扎兩針，試試看。

譬如辦禪堂，有人坐起來就昏沉，可是坐得很好，圓陀陀的坐在那裏，肚子大大的，如果供彌勒佛像，就到那裏拍照就行了，是個活的大肚子彌勒。你想修行修道，如果修成一個大肚子，那要打三百板屁股了，那是修什麼行啊？那五臟六腑都出了問題，都不對了。所以真正修行，工夫真到正統的定境，身材自然變成這樣（師指著座前供的佛像），這是標準身材。這個時候想偏、歪、彎，都不會了，內在自然很清楚的，有一點不準確都要改正。

這就講到學密宗跟學禪宗同樣的重要，學密跟著上師，他隨時盯住你，有一點不對就改，至少身體可以做到標準。我是講正統的密宗哦！至於現在，不管喇嘛、和尚，很多也不過是個出家人而已。所以不要亂叫活佛啊，免得人家起了貢高我慢心。現在哪有真密宗！我看了都很好笑；我說我是紅教、白教、花教、黃教大師，但是我不吹這個。現在很多在家出家的，都為名為利出來亂搞，不行的。

所以，打坐的姿勢很重要，像這些問題，你們真要學，要跟你們講清楚的話，每天下午三點起講到晚上，一天五六小時，三天大概可以把每個姿勢都糾正過來。連姿勢都要那麼多的時間，還不要說其他禪堂的規矩！所以匆匆一下子，是來不及的。今天，零零碎碎挑一點感想先講，因為我跟古道師約好三四天，你們大和尚有事也先走了，唉，難辦！我的辦公室就叫「南辦」（難辦），真修行非常難啊！好吧，放鬆，休息一下再來。

第三堂

內容提要

印度文化的影響
無主宰的佛法
佛經的紀錄
佛學的發展和爭論

現在要討論那麼多問題，趕這三四天，光討論這些外形都來不及啊！

我們講到「佛為一大事因緣出世」，什麼大事？這個「大事」的問題出在哪裏？這是中文的講法。佛法到中國以後，用莊子講的一句話「死生亦大矣！」整個人類所有的問題，是生死的問題。這個世界上怎麼會生出人來，人從哪裏來？為什麼有了這個虛空，有了這個地球，也有了這個世界？所以，「死生亦大矣！」最大的問題。

佛也是為生死問題出世，在西方哲學裏就問，這個生命，先有雞還是先有蛋？雞是蛋孵出來的；蛋從哪裏來？雞生出來的。哪個先哪個後，你講不清楚。換句話說，這個世界上先有男的還是先有女的？還是同時來的？宇宙萬象怎麼來的？害得我們又剃了光頭去出家，拋家棄子去找一個什麼東西。禪宗開始是為找這個答案，這是佛的路線。

我們昨天講的，要研究佛的一生。你要曉得，印度佛教，釋迦牟尼佛當時沒有創教，他不是教主，教主是後人捧他的。等於孔子也不想做教主，耶穌也不想做教主，他們自發的傳道，後人把他們捧出來當教主；如果出來是

想做教主，那就是有限公司囉！

有個問題告訴你們，這不是跟你們出家人講，你們只聽聽吧！不過也跟庚師提的問題有關。第一、研究人類整個的文化，希臘、埃及、印度、中國四大古國的文化，中國印度兩大都在東方，包括埃及也算中東，也是東方，只有希臘算西方。

所以我常常告訴大家，研究宗教哲學，你們注意哦！五大教主都是東方人，沒有一個是西方人。耶穌是東方人，中東人，就是現在耶路撒冷那一帶。當時印度是很大很大的，分五印，有東印度、西印度、南印度、北印度、中印度。

印度的文字言語，六十多種不同，佛經是以梵文為標準的，梵文不過是其中的一種。巴利文也是印度文，你到印度看看，還有幾十種言語文字不同，現在都變成講英文了，更糟糕了。所以我常常跟印度朋友講，你們印度真正的文化寶貝精華，是釋迦牟尼的，這些文化保留在我們中國，不但保留，還弘揚廣大。你們都丟掉了，太可惜了，我很想送還給你們啊！

現在全世界上有多少宗教？除了五大教以外，耶穌教、天主教，有三四百個門派，等於說禪宗有臨濟宗、曹洞宗這樣的派別。因為你們沒有研究，現在新的基督教派系更多啊！

所以，人類為什麼有宗教出現？這都是大學問！佛是正偏知，無所不知的哎！一個悟道成佛的人，沒有不知道的。有人說，這些屬學校裏宗教學的範圍，同我們出家沒有關係。那你不是學佛嗎？要研究這個問題，現在屬於大學研究所「比較宗教學」，把每個宗教都拿來研究的，這個學問很大了。所以我講現在辦的佛學院，連別的宗教的內容也沒有介紹，別的宗教理論不懂，規矩也不懂，別的宗教也有它的一套，都要研究啊！

所以我剛才講，你看耶路撒冷，現在的伊拉克，及新興的猶太國家以色列，都受印度文化的影響。換句話說，照我研究的比較宗教，認為世界上真正的宗教起源，都在印度！這一句話，如果學者們有意見，我可以批駁他們，因為他們不懂印度文化。印度本有宗教是婆羅門教，佛教是後來興起的。西方的宗教，你看耶穌穿的衣服，戴的帽子，都是密宗那一套；你看基

督教、天主教他們畫十字，就是密宗準提法的五印，用金剛拳印印額頭、心窩、左肩、右肩、喉頭。

所以西方人研究耶穌一輩子，有十幾年找不到他的蹤跡，現在研究出來，曉得耶穌失蹤的十幾年，他正在印度西藏邊上學佛！這在西藏密宗的資料找出來一點，說有個同參到中東去弘法，被人家釘到十字架上。（參看老古出版之《耶穌失蹤之謎》）

像這些研究很多，鬧熱得很啊！現在你們辦的佛學院是什麼佛學院？什麼都搞不清楚！所以當年太虛法師辦佛學院，有人來問我，我就說不要亂問！像這些學問在大學裏也沒有好好開課啊，如果能夠恢復是很偉大的。

我們現在回轉來講，釋迦牟尼佛在印度，當時出家人很多，不只婆羅門教，還有其他宗教，婆羅門教是傳統教。印度有四大階級，分婆羅門、剎帝利、吠舍、首陀羅，到現在還是一樣。所以，有時候印度朋友來，我都不好意思問他是哪個階級，這是國際禮貌，不要隨便問。有時候熟了才問他，對不起噢，你不要見怪，你是婆羅門？還是剎帝利？客氣一點，先要講禮貌。

階級觀念最重的是印度人，婆羅門是上等人，穿白衣服，一切都用白的。二等是大師級的剎帝利，做帝王、宰相、將軍，你看釋迦牟尼佛是第二等階級。吠舍是三等，就是普通一般人，做生意的老百姓。首陀羅是最下等階級，做奴隸的。印度現在也是一樣。

所以我常告訴大家，講宗教學，幾大聖人為什麼都有個宗旨？世界上講政治也好，社會也好，教育也好，平等這個觀念，是釋迦牟尼佛先提出來的。換句話說，自由、民主、平等，他先提出來平等，也可以說，釋迦牟尼佛真提倡了自由，真提倡了民主。如果從政治學來講，有憑有據，因為印度是人類階級最不平等的。所以你看佛的精神，他的心量；他弟子裏頭管戒律的，管司法部的部長，叫什麼名字啊？（答：優波離）是什麼階級出身啊？最下等階級奴隸出身。你看，那麼大的僧團，他把優波離提起來管法律，佛做到了平等。

孔子為什麼講「忠孝仁義道德」呢？因為中華這個民族不忠不孝、不仁不義。所以，孔子對中國開了忠孝仁義藥方；佛對印度開了平等藥方；西

方、中東、白種人，最狹隘，最傲慢，最不博愛，所以，耶穌開的藥方是博愛。

再看基督教很多的規矩，都是印度佛教這一套文化。耶穌為什麼被人家釘在十字架？因為他反對隨便迷信、崇拜。真正的佛教是反對偶像崇拜哦！「無主宰，非自然」，一切是自性的呈現，世界上沒有誰做了主宰的。上帝也好、閻王也好，生命誰能夠做主宰？無主宰，因緣所生，緣起性空，性空緣起，但不是唯物的，不是自然的。這是鐵定的因果律，生命完全是因果的業力，自己作主自己辦的。

佛在世的時候，印度很多宗教、宗派，很多修行的方法。他在菩提樹下悟道以後，一切都推翻了，而確認了「無主宰，非自然」，沒有什麼上帝能夠造人，安排人；什麼閻王管人，沒有這回事，一切生命，都是自己的業力，自己作主。

佛推翻了這一些宗教，所以天主教、羅馬教廷批評佛教是無神論者，因為佛教講自性空，無主宰，非自然，不崇拜一個神。釋迦牟尼生下來，佛

經上講，一手指天，一手指地，說「天上天下，唯我獨尊」。禪宗的講法認為，他不是講個人的我，這個「我」就是自性、心性那個本體，宇宙萬有同體的自性，那個真我是平等的。一切眾生皆是佛，要找到那個本來的我。至於參「念佛的是誰？」你參的是小我，要破除了這個小我，才認識了那個不生不死，不生不滅的大我。《心經》上幾句話就告訴你，「不生不滅、不垢不淨、不增不減」，這個是大我的自性，只有這個是「天上天下，唯我獨尊」，「無主宰非自然」，一切萬有生起是「性空緣起，緣起性空」。那是多偉大的氣派！把一切宗教，嘩！一掃而光。

所以他老人家出來弘法的時候，你不要看到大乘佛經上說，有多少萬聽眾，他很可憐啊，經常跟他的常隨眾，都是正式跟他學的出家比丘；《金剛經》上說是千二百五十人，比孔子三千弟子還少一半啊！其他在家聽法的信眾很多，後來叫作「大眾部」。大眾部一變變成大乘的菩薩，行入世法，這些大乘菩薩悟道的很多，不一定出家。

佛教徒說，我不拜在家人，其實你每天都在拜在家人！觀音、文殊、普

賢、地藏，四大菩薩，三個都是在家相；有一個比較不同的地藏菩薩，偶然以出家相出現。所謂菩薩，也無所謂在家出家。換句話說，真正的大菩薩，形式沒有出家，心早出家了，比出家還要出家。這是在印度，釋迦牟尼佛當時弘揚佛法的情形。

我常常說你們福報真大，到處有人修廟子，我一輩子還沒有半個廟子，現在一兩個居士出錢，在廟港蓋個地方，還是我要他們蓋的。我說釋迦牟尼佛在世，也不過幾個地方，一個是皇帝頻婆娑羅王給他蓋的竹林精舍；一個是《金剛經》上所提的舍衛國祇樹給孤獨園，是祇陀太子和給孤獨長者給他蓋的；另外就是東苑鹿母講堂，乃至於靈鷲山幾個地方。

佛這一生真了不起，首先注重衛生，規定真要出家修道的人，頭髮、鬍子一概剃得光光的。你看印度其他的教派，現在山裏頭也有，嘿喲，留頭髮、長鬍子。還有，世界上第一個發明刷牙齒也是他，用楊柳枝作牙刷；第一個發明要把水放在淨水瓶也是他，「佛觀一缽水，八萬四千蟲」，認為水中有生命，所以要過濾才能喝，統統是科學。

你們要正式研究釋迦牟尼佛，去看看《佛本行集經》，還有一本《大寶積經》，我經常放在那裏；你們看看他一生真正的行為。你們《大藏經》也不看，也沒有研究；要是看了戒律部分，就看出來了，他帶領弟子好辛苦，一點一點的事情，他都要管。後來弟子多了，經常跟的有一千二百人，當然，還有其他的年輕人，叫「六群比丘」，亂七八糟的，也出了家，一天到晚跟他搗亂，隨時鬧事，他也夠辛苦的。

所以，他戒律規定，衣服要怎麼穿！飯要怎麼吃！還分魚乾給大家。印度所有的外道都吃素的，他沒有提倡吃素喔！也沒有反對吃素，他是隨緣，人家拿什麼來他就吃什麼。在戒律上看到，佛是很平凡的生活，越看到平凡的生活，越使人看得肅然起敬，真是了不起。

世界上所有的宗教教義，沒有跳出他的範圍，這個講起來很多了，現在我們縮小範圍講。所以佛出來，他了了生死沒有？絕對了了生死。他證到了天上天下，唯我獨尊，證到我們每個人本來有的生命，這個生命是永遠不生不死，沒有生過，也沒有死過。以我們表面上看，他也老了，他也常常生

病，還有個徒弟叫耆婆，是居士、菩薩，經常幫他看病開藥。

普通一個人，要想跳開了生死輪迴，要不生不死做得到嗎？做得到。他本身就做到了。所以經典上記載，不是假話，說他臨死以前，他故意找機會問阿難三次，「啊呀，我年紀大了，也活到了八十一歲了，我想走，不過我可以不死，你看怎麼樣？」兄弟倆好像在講笑話。問了三次，當然不是同一天，阿難這三次都沒有答話，不曉得他怎麼會昏頭昏腦，也許打個哈欠，一下過去了，以為佛在說笑話。最後一次佛宣佈要死了。阿難說：「呃呃！這不能啊！」佛說：「我特別藉機會，問過你三次啊，你如果要我不死，我就留下了，你不答話，現在我決定走了，這個世界不需要我了。」他就死了。

可是佛涅槃以後，弟子把佛放在棺材裏，最後等迦葉尊者來。迦葉尊者到了以後，當然很難過，很悲傷，「世尊啊！我受魔障遲到了一步，你這一下都不肯留，就走啦！」這時佛兩個腳從棺材裏伸出來。伸出來幹什麼？佛表示我沒有死。迦葉尊者知道了，他的腳就收回去了。

所以佛真正傳法是給迦葉尊者，摩訶迦葉是千二百五十人眾中的首座弟

子。佛弟子中另有三迦葉兄弟，不是這個迦葉尊者。迦葉尊者兩夫妻是印度首富，後來怎麼出家的，你們要去研究。

這些故事，看起來好像是神話。我常常說你們學佛，要參究佛的一生，要跟隨佛的行為，一步一個腳印跟著走，這才叫作學佛。你不要以為剃個光頭出家了，或者一個居士皈了依，就說在學佛了。人家問我：「哎，南老師，你不是學佛嗎？」我說：「我沒有學佛啊！」「啊，你是信佛教？」我說：「我什麼教都不信。」「那你信什麼教？」「我信睡覺，什麼教都沒有信過。」「哎，老師你怎麼這樣子？」我說我沒有資格學佛，做不到。怎麼才算做得到？譬如布施，大菩薩的布施，眾生需要你這隻眼睛，兩隻挖完了，還連頭、腦髓、整個的身體，都肯布施給人家。可是我一點都做不到啊！現在要我挖一隻眼給你，我捨不得，我還要用來看書呢！我哪有資格學佛啊？所以講你們學佛，真的先把佛的一生研究清楚了，不要什麼中觀啦！瑜珈啦！禪宗啊！密宗啊！少來這一套，你要看佛的行為，看他的一切。

上面我們先介紹佛，再看佛講的法。能有《大藏經》流傳，主要是迦

葉尊者主持結集的。佛過世了以後，迦葉尊者馬上召集師兄弟們五百人，是千二百五十人眾裏頭選出來的，是明心見性，得道悟道，神通智慧具足的，才有資格參加。五百人聚在一起，迦葉尊者主持，把佛一生說法記錄下來。

那個時候沒有錄音機，只有一個像錄音機的阿難尊者的頭腦，他記憶力之強，佛說的法什麼都記得。五百羅漢集中一起記錄，雖然都有神通，但是大家心裏都有數，知道自己記憶力不俱全，只有阿難來才行，可是阿難尊者沒有悟道。這五百羅漢都到齊了，迦葉尊者把這個架勢擺好，大家都在那裏打坐等著吧！反正每人心裏都有數，不講話。阿難進來了，迦葉尊者罵他一頓，說，你沒有資格，出去！阿難說，你們需要我啊。

「對啊，我們需要你這個頭腦，講出來記錄啊！你是錄音機啊！可是你沒有見道，出去！悟了道才進來！」砰，門關了。

這一段，是禪宗非常重要的公案，也是密宗。當時阿難尊者被趕出去，這一下痛苦極了，坐下來，規規矩矩盤起腿來參了，這叫參。七天悟了，所有道理都實證到了。然後來叩門，一敲門，迦葉尊者說：「進來！自己進

來！」門也沒有開，結果他進來了。迦葉尊者說：「請上座，這個是留著等你的，坐下來吧。」

所以每本佛經上第一句話，「如是我聞」，「如是」就是「這樣」，這是梵文的文法，同外文英文等的翻譯一樣，是倒裝的文法，以中國的寫法，「我聞如是」，翻譯成白話是「我阿難當時聽到釋迦牟尼佛是這樣說的」。阿難說完了，大家記錄好了，就是一本經。所以一切經典，小乘大乘，都是阿難說出來的記錄。

戒律部分是優波離說出來的，他就是最末等階級出身，管法律的尊者。他專管戒律這一部份。

「論」呢？是後代根據「第一次五百羅漢結集」的經典，以及對戒律研究的論文，叫「論」，像《大毗婆娑論》等。所以經律論三藏，經是經，律是律，論是論。《俱舍論》《成實論》《大乘起信論》《大智度論》《瑜伽師地論》《成唯識論》，這都是後世的論著。這一套關於修持、講道理的學問，歸納起來叫「法」。

所以皈依三寶是「皈依佛、皈依法、皈依僧」，「皈依佛，兩足尊；皈依法，離欲尊」。注意！你還漏丹、還遺精，連男女的性關係，以及男女的念頭還沒有空，沒有證到空性；但欲不是強壓下去的。如果小欲都離不開，大的欲望，名聞富貴，更放不下。做個大法師到處受人恭敬供養，然後一講起來，某人是我的徒弟，某人是我的弟子。咄！還有這個名心在，統統是欲望。離欲，什麼都沒有，一切皆空；所以皈依法，離欲尊，佛法叫你要離欲，執著欲望都沒有用的。

「皈依僧，眾中尊」，言行態度什麼都不同的人，自然使人看到你都會恭敬起來，「喲，這是有道的人！」皈依僧不是皈依你們哦！是皈依那五百羅漢、大阿羅漢、得道的師父們；換句話說，你們得了道，自然就屬於聖僧裏頭了。

這是三皈依，所以當你早晚功課念到這裏的時候，不是隨便念過去，馬上要反省，自己做到了多少！有沒有注意這個事？若有嘴無心的念，心裏頭想，明天我要到香港去玩玩，還差一點錢，不曉得哪個居士可以化一點就好

了……那還叫念經嗎？

釋迦牟尼佛涅槃後，由那次的結集，佛的弟子們就分成好多宗派了。世界上有個大問題來了，不管你怎麼空靈，胸襟怎麼博大，只要有徒弟、群眾在一起，自然就會形成了黨派。佛在世的時候，已經有黨派了，修行的上座迦葉尊者、須菩提、目連尊者、舍利弗，各有各的群眾。舍利弗年紀比佛大多了，佛出來說法的時候，只是三十多歲，舍利弗已經四五十歲了，所以大家來聽法，不知道哪個是師父；原來這個年輕的是師父啊！是佛啊！那個年紀大的是他徒弟。

舍利弗和目連尊者兩個人是好朋友，《大藏經》有舍利弗著作《舍利弗阿毘曇論》，目連尊者造的有《阿毘達磨法蘊足論》，你們研究要注意，那是他們當時修行直接的觀點，還有一部《阿毘達磨大毗婆沙論》，是這五百羅漢們，當時了生死修持經驗的著作。現在講唯識、密宗，離不開這一部書的。這是大眾的經驗，是五百羅漢各人修持的心得，集中的報告。

佛在世時除了有宗派外，還有反對他的；他死後，更分成幾十個宗派，

但是都還在修行哦。譬如說，上座部的是主張「一切有」，不是空，所謂佛說的「空」，不是「沒有」的意思，的確有個道，有個可修可證的「有」，所以講一切有。譬如，大眾部其他的部，認為一切空，說的是「空」。有的一派說，阿羅漢都有神通啊，就是因為修「有」來的，本來是「有」。所以說是有是空，空就是有，有就是空，爭論得很厲害。

因此二十多派，是各人修行的經驗見解，都是忠於佛的，等於禪宗在中國變成臨濟、曹洞、法眼、雲門、溈仰五宗。我呢，一輩子討厭分宗分派，所以，一輩子也不肯做老師，不肯承認有個學生，一承認了以後，就形成黨派了，那真難辦，那要說派的話，就成了「南派」！

所以我當年在大學講禪宗課的時候，一個研究生就提出來問：老師，我問你一個問題。既然是開悟的祖師，還拿一個衣缽拚命的跑，後面還有人趕來，然後還分成南宗北派，同普通搞宗派一樣，這個佛法我何必學啊？我說：你問得好。他真問得好，既然學佛，一切解脫清淨，哪還有宗派的觀念存在？佛在世時，乃至以後，意見歸意見，修行歸修行；就是你們也一樣。

哪怕都是少林寺師兄弟，還不是三個兩個各有一派！我跟他倆好一點，他跟我倆好一點。他啊？不要談他了……，那還不是宗派！人我的是非怎麼免去！這就是人類一個大問題。

所以佛過世一兩百年以後（有說三百年、五六百年不一），這個宗派觀念，在修持上，見、定、行都出問題，之後才有馬鳴菩薩出來，就照大乘的路線，著作了《大乘起信論》，綜合了這些修行的見解，只有「真、妄」兩條路。見空性，明心見性；見真如，成道。小一點成阿羅漢；大的成大菩薩、佛。隨妄心就入六道輪迴；當下放下妄心，自性現前，見到真如自性；這是開始的論派，祖師的著作。

在大乘學派裏，拚命提倡《維摩詰經》，釋迦牟尼佛是出家佛，維摩居士是在家佛，這部經影響中國的禪宗特別大。你們叢林的住持叫「方丈」，也是從《維摩詰經》上來的，因為維摩居士說法的房間，一丈見方。「方丈」是代表男性寺廟地方，所以和尚寺廟有方丈，尼姑庵是沒有方丈的。

這個中間有個傳承，不講真妄這一套，而直接走明心見性禪的路。所以

馬鳴菩薩也是禪宗祖師，由初祖迦葉尊者，二祖阿難，一路下來，第十二代就是馬鳴菩薩了。

他們告訴我時間到了，你們休息一下，吃了飯再來。

第四堂

內容提要

真妄兩條路
龍宮的經典
龍樹菩薩的中觀
拈花微笑的出處
佛教傳入中國

你們這幾位，姿勢一變動，莊嚴得多了，不只外表的莊嚴，心裏內外的變化也不同了。辛師你的頭，仰一點，再仰一點。對了！這樣你整個身體氣脈就不同了。

我們晚飯以前講到佛學大概的變化，注意，釋迦牟尼佛出來就是要解決人類的一件大事，就是生死問題，生命問題。怎麼樣有這個宇宙？怎麼樣有一切眾生生命的變化？為什麼有生來又死去？那個能生能死，能起變化的東西是什麼？既不是神又不是鬼，也不是上帝；也不是唯物，也不是唯心的。那麼有個東西，這個東西在我們中國禪宗就叫「這個」！沒有什麼囉嗦的。這個是那個，那個是這個，就是一個東西，搞不清楚；我們也可以叫它「黑不隆冬」，但仍是搞得清楚的。

這是心物一元，生死同根，萬物的變化，都是由「這個」能變而起。「這個」本身是不變的，但是可以起萬變的一個功能、作用。這是大眾同有的生命，不只佛一個人，一切眾生，包括一條蟲，一隻螞蟻，也可以成佛，只要認識了自己的本體，一修證就到了。

釋迦牟尼佛沒有說自己可以成佛，別人不可以！他說一切眾生皆是佛。不像其他的宗教，上帝只有一個，你不能變上帝。按照佛法來講，上帝也不過是個眾生，三界的天主是眾生自己的業力變化，人也可以成為天主，天主也可以墮落到地獄。一切都在變化，這個原則要把握住。

剛才講到佛學的演變，佛過後一兩百年，雖然他老人家不在，跟隨佛法修行的人很多，證果的阿羅漢也還是很多的。印度婆羅門等其他教派，在各地修行者也是很多，不過那個時候佛的影響最大。但是後來到底亂了，所以馬鳴菩薩才出來。

據說，馬鳴菩薩出生的時候，全國的馬都叫了，百馬齊鳴，有這個吉祥的徵兆，所以稱為「馬鳴」（另一說：菩薩善說法要，馬解其音，故號馬鳴）。他是文學家，沒有出家以前，他的詩歌一寫出來，莎士比亞這些人不能比了，全國都震動了。乃至國王跟他商量，叫他不要隨便寫詩，不要隨便作歌，因為他的文章影響力太大了。所以他出家悟道以後，看到各宗各派修行，雖能夠成功，但是到底不行。所以他著了《大乘起信論》，只有「真、

妄」兩條路線。走入妄想就是凡夫，去掉妄想就是真如，自性本空。

接著下來，佛法慢慢變去了，隨著時代越向前走，反而修行的多，證果的卻少了。思想意見的分別、爭論越來越多。在這差不多佛過後兩三百年時（有說六七百年），如果勉強講，應該在秦始皇這個時候，出來了龍樹菩薩。

這位菩薩是更奇怪的人了，年輕聰明，畫符念咒，什麼武功都會，文武全才，學會了印度一切外道的本事。最後他和幾個同學練成了隱身法，肉體走進來你看不見的。他智慧很高，本事很大，很傲慢，學會了隱身法以後，怎麼玩？到哪裏去玩？隱身到皇宮裏去玩吧！於是四個人進皇宮，把宮女的肚子都搞大了，是這樣的玩法。

皇帝氣極了，什麼人搞的？全國嚴查，誰敢進皇宮來，把宮女肚子搞大了？找不到人，奇怪！旁邊的大臣說，一定是那些學會妖怪本事的人幹的。印度這些奇奇怪怪神秘的人很多。皇帝下命令秘密的搜查，一夜當中全國搜查，拿刀劍到處亂刺亂殺，只有皇帝坐的一丈以內不能殺進來。大概搞了一

天一夜吧，那三個同學被殺死了，一殺死就現形了。而龍樹菩薩呢，看到這個情形，急了，他聰明，趴在皇帝的椅子下面，這一丈以內殺不到。然後在那裏懺悔，他禱告釋迦牟尼佛，佛啊！你是大聖人，我懺悔，做錯了事！假使這次不死，就出家學佛。結果他沒被殺死，出來就出家學佛。

出家以後，把所有的佛經一下都讀遍，道理也懂了，至於神通本事他本來有，能使自己起神通智慧作用的那個本性，他也找到了。認得了自性，他傲慢心又來了，認為這個世界釋迦牟尼沒有了，他可以做第二個佛了。

這一下，感動了所謂的龍王，如果你要講這是迷信，那就很難研究了。是西海龍王，還是東海太平洋的龍王？他那邊是印度洋，是南海龍王，還是北海龍王？照佛經所講大小龍王很多啊！佛都列出來名字的，誰管哪個範圍，研究起來，你說是神話，也很有意思的。譬如說今年中國的天氣這樣變化，颳風下雨是這個龍王管的；那一邊乾旱是那個龍王管的。

這位管海上區域的龍王，到底是哪一位，沒有詳細記載，也許是個人，這個事按照現在來研究，是覺得很奇怪的。龍王來看他了，就談道理談學問

談佛法。這個龍王說，你是了不起，你真可以做當代的祖師，傳佛心法的祖師，但還不能算是佛，還不能登上這一代教主的寶座，你還沒有這個功德。況且你不要傲慢，你說已把佛經研究完了，佛經留在世界上的只是百分之一，另外還有許多法，佛不是在這個世界上說的，是在天上給天人說的，給龍宮龍王說的，給鬼神說的，而人世間沒有記錄。

他說：「有這個事？有哪些經典呢？」龍王說：「龍宮圖書館裏有太多佛經了！你的智慧看不完啊！你不信，我帶你去。」

一到龍宮，龍王打開圖書館，他一看不得了，不曉得多少佛經。龍王牽一匹馬，讓他騎上去，說你來不及看哦！他走馬看經題，三個月騎在馬上只能看經的題目，內容看不完，譬如《金剛經》《心經》《涅槃經》《楞嚴經》，這樣看經的題目。這一下他服氣了，出來跟龍王商量，這很多經典世界上沒有，我要帶一部回去。龍王起先說不行，再三懇求，才答應把《華嚴經》帶一部回去。

整個的《華嚴經》有十萬偈，所以中文的翻譯，晉朝翻譯是六十卷，

唐朝翻譯有八十卷，這部是佛經裏的大經。但是你注意噢！這部經典是龍樹菩薩在龍宮裏請回來的。所以學佛的研究佛學，「不看華嚴，不知佛家之富貴」。這是怎麼講法？這天上地下的事物，譬如講一個亮光，有各種亮光，什麼電燈光啊、太陽光啊、月亮光啊，這個光那個光。你說這個人真會幻想，能夠幻想出來那麼多名稱，我都服了！講一個東西，一講一大堆，想像都想像不到。

譬如我們早晚功課，大家念的，有四句最重要的話：「若人欲了知，三世一切佛，應觀法界性，一切唯心造。」就是《華嚴經》的偈子。「若人欲了知，三世一切佛」，想知道什麼是真正佛法，「應觀法界性，一切唯心造」，那是徹底的唯心。他說整個宇宙萬有世界，三界天人，包括我們人、眾生的生命，一切是唯心所造，心造的，是「我」所造，不是外來，也沒有一個作主的，一切是念力自性所生。

還有，我們經常念的懺悔文：「往昔所造諸惡業，皆由無始貪嗔癡，從身語意之所生，一切我今皆懺悔。」早晚功課裏頭，很多都是《華嚴經》抽

一點出來，文字翻得非常美。

然後，他又到南天的鐵塔，拿到過去佛用咒語修行的法門，這就是密宗。所以，有些經典不叫龍樹，叫「龍猛菩薩」。南天鐵塔，就是南印度。印度的文化，同我們一樣分東南西北中，南印度天氣熱的這一帶，秘密的法門特別多。等於我們中國人畫符念咒的，貴州、雲南、湖南郴州這一帶特別多。他綜合了印度的各宗各派，統統歸到佛法裏來，所以在中國，推龍樹菩薩是八宗之祖！所謂禪宗、天臺宗、密宗、三論宗、法相宗、賢首宗、律宗、淨土宗都離不開他。他上臺說法的時候，法座上只有個圓光在那裏，只聽到聲音看不到人。他就是這麼一個人。

這是龍樹菩薩的階段。他看到佛涅槃後這些修行人都出了問題，都抓住那個修持的、證悟的、小乘「有」法在修；所以他特別提倡般若空觀，性空，一切皆空。但是常常講空也看到不對，他就寫了一部《中論》，世稱《中觀論》，就是庚師提過的。落在有不對，掉在空裏頭也不對；空有雙融，非空非有，即空即有，緣起性空，性空緣起。因為修小乘證果的容易落

在「有」上，不肯放，最後的果位、境界放不掉；但談空的也很危險，既然空了嘛，因果也空嘛，那我殺人也空哎，吃你的也空，那很危險。所以叫「中觀」學派。

你們年輕的，在少林寺學過中觀嗎？庚師在重慶的，讀過佛學院，大概會背，考考你《中觀論》的偈子怎麼說啊？

僧庚：能說是因緣，善滅諸戲論。

僧甲：諸法不自生，亦不從他生，不共不無因，是故知無生。

對了！這是《中觀論》的一首偈子。一切唯心，「諸法不自生」，並不是有個東西出來的；「亦不從他生」，也不是他那邊來，不是別的地方來。那麼「自他不二，心物一元」對不對？「心物一元」是我們方便講，也不對。心物一元這個邏輯犯一個錯誤，就是成為共生的了；心跟物兩個一起來的，是「不共生」。這是「緣起性空」道理，也不能夠說「無因生」。這是簡單解釋一下文字，這個偈子，詳細講要好多個鐘頭。

所以，菩薩要證到「無生」，才是入門！就是證到了「無生法忍」，

修行到了菩薩登初地的「歡喜地」。如何是「無生法忍」？甲師還記得，不錯！「諸法不自生，亦不從他生，不共不無因，是故知無生。」現代什麼西方的邏輯，各宗各派，一碰到這個道理，那些邏輯哲學，一下都站不住了。

印度龍樹菩薩造了《中論》，可是在他以前，中國人也著了一個「中論」，是曾子的學生，孔子的孫子子思著的《中庸》，「天命之謂性，率性之謂道，修道之謂教。道也者，不可須臾離也。可離，非道也。」奇怪了，他們當年文化也沒有溝通，兩位大聖人，差不多是同一個觀念。

當時，龍樹菩薩這些著作，不是玩思想，不是光談理論，而是幫助大家明心見性，修行證果，做工夫用的；也是怕你工夫的路上走岔了。到現在，佛學院裏講這一套，學者研究這一套，這些搞學問的，對修行不清楚；搞修行的卻摸都不摸這些理論，也不懂，結果統統把它分裂了。這個佛學就慢慢在演變，這個階段，差不多已經到了我們漢朝了。這個時候，羅馬剛剛要起來，快要鼎盛了，世界上其他文化都還談不上。所以從世界歷史、文化史的演變看來，這個人類非常的鬧熱。

差不多到東漢以後了，你們都沒有研究歷史，曉得什麼叫東漢西漢嗎？也叫作前漢後漢。漢朝四百年，劉邦知道嗎？劉邦打了天下，兩百年以後變亂了，之前這個階段叫前漢，變亂了有個人篡位，就是劉家的親戚王莽，把漢朝的政權拿過來了，自己改個朝代叫「新」。

在西漢平帝元始元年時，耶穌才出世呢！所以現在是西元兩千零五年，我很不喜歡用，因為那是耶穌的紀年，同我們不相干。我們中國講黃帝到現在是四千七百多年了；佛教國家的泰國，用佛曆也兩三千年。現在我們自己忘了本來，亂用。

所以你們要注意，秦始皇的時候，印度有沒有文化過來？這個歷史上有，不過那個時候不曉得是佛教的羅漢啊，還是婆羅門教的人來過。其實那時文化已經在交流，民間傳說胡人，人高馬大，有神通發光的，結果把他關起來。但是關不住，人關在牢裏頭，他有神通，一下子出來在外面走。沒有辦法，只好說，這是妖怪，這是胡人，管他呢，讓他走了吧。算不定那些是有神通的活羅漢，過來看看的。到漢武帝時，張騫西域回來，說胡人崇拜金

人，黃金打的人，就是銅的佛像，或者鎏金的佛像。所以《漢書》上說，張騫從西域帶了好幾個金人回來。

那麼這個階段，譬如印度各宗各派，瑜珈咒語的修行，就是密宗起來了，這屬於唯識法相，又是講有講空這一派起來。

這些佛學大概的演變，簡單就一路下來，沒有時間給你們仔細講，這樣講不行的。我曉得，這一代的教育很糟糕，因為你們的年紀輕，從小學到中學，中國歷史都沒有讀。譬如給你們這樣講，中間提到的歷史，你們都不懂，解釋得很苦。像我們小時候的教育，中國多少年代，發生什麼事都弄清楚了，一提就懂了。佛教在印度，差不多在我們中國宋朝的時候，就統統沒有了，都到中國來了。宋朝以後，伊斯蘭教進入印度，所以現在印度沒有真的佛教了，有也只有南傳小乘，少數興起的一點點。

抗戰以前，印度有一個中國廟子，這個老朋友叫什麼，我記不得了，是中國的一個和尚，發願到印度蓋一個廟子，好像還在。現在你們也沒有辦法，也不想發願到印度去還他們祖宗東西吧！我們可沒有這個發心！（按：

近代有一位悟謙法師，在加爾各答造了一座玄奘寺）

所以佛法是這樣一個演變，庚師昨天講到的，這些都是教理方面。現在講修行，我們回過來講，佛的出世為了一個目的，是追尋生命生與死的問題。其實密宗同禪宗一樣，什麼叫禪宗、密宗呢？簡單的講，是偏向於修證做工夫，怎麼樣求證到。這就是禪與密同其他宗派的差別，其他各宗各派講學理的講來講去，似乎同他不相干。所以說禪宗始終是單傳，「不立文字，以心傳心」；正統的密宗也是一樣，「不立文字，口口相傳」，一路下來，怎麼樣修持到底而證果。

所以在印度禪宗的傳統修持，由迦葉尊者，傳到第二十八代達摩祖師的時候，已經是南北朝了，到中國來他是第一代祖師。達摩祖師的侄子，是印度一個小國王。達摩到中國來的時候，已經一百多歲了，離開中國的時候，一百五十幾歲。在熊耳山，那個埋下的達摩棺材，打開來裏面並沒有這個祖師。二祖神光走的時候也有一百零七歲！這些你們要特別注意，年齡雖然沒有多大關係，但同時代有關係。

現在回來講禪宗，禪宗開始的公案，很有意思啊。有一天，佛在靈山會上，本來很莊嚴，大家都坐在一起，釋迦牟尼佛在座位上要說法了。他還沒有講，看見前面有一個花瓶，他拿起一枝花在玩，這樣轉轉，大家也沒有講話，只有迦葉尊者在座位上「破顏微笑」。「破顏微笑」這四個字怎麼說呢?本來臉繃得很緊，大家都等著聽話，佛玩了半天花也不講話，迦葉尊者張開眼一看，嘩，師父在玩這個，「噗」!忍不住了，「破顏」。就這一笑笑壞了，佛看到就講話了：「吾有正法眼藏，涅槃妙心，實相無相，微妙法門，不立文字，教外別傳，咐囑摩訶迦葉。」那迦葉尊者聽了，當然只有合個掌。所以「教外」是在這一切講空講有經教以外，與那些道理都不相干。這個法門只有摩訶迦葉懂了，佛交給他了，這是禪宗的開始。現在學者研究禪宗，認為沒有這個事，是祖師們假造的。

禪宗祖師說這件事，在《大梵天王問佛決疑經》中有記載，這本經有翻譯過，但失傳了，我們的《大藏經》裏沒有。後來有外國學者到中國，說有這本經，現在在朝鮮發現了，是中文的全本，在韓國《大藏經》裏有。這是

講這一段故事。

再說禪宗的不立文字，教外別傳。我們已經背了很多文字了，這不又是文字嗎？就是迦葉的破顏微笑四個字，也是文字啊！不立文字，一講出來已經立文字了；不可以言說，一說出來，已經言說了。所以，不可思議，你已經思議了，微妙在這裏。

這一路的修法下來，專講修證，這樣就是禪嗎？不是的。你們注意，這是講禪宗心法最後的見地；至於如何修持用功這一路，都有工夫的，都有作用，只是沒有講而已。所講的只是最後歸納出來的結論。這個要特別注意，並不是那麼一說就是禪了，那是開玩笑了。

印度二十八代的祖師，是這樣一路一路傳下來。到了東漢時期，佛教才正式傳入中國。東漢第一個皇帝，是漢光武劉秀。劉秀是一個了不起的皇帝，中國幾十個皇帝中，我特別推崇他。他是鄉下種田出身，不想做皇帝，最後做上皇帝，做得很規矩，很老實。他的兒子也很了不起，就是漢明帝，光明正大不含糊。漢明帝時候派人到印度聯絡，取佛經進入中國，洛陽白馬

寺就是漢明帝時候開始的。後來蓋了十座寺廟，安頓出家僧尼，所以第一個出家人，第一個尼姑，也都是在漢明帝的時候開始的。當時出家，不改姓氏，假使姓李的話，法名古道，就叫李古道，只是有佛教的一個形式。那是中西（印）文化剛剛開始交流的階段，只是崇拜信仰佛教，講究修持是以後慢慢才來的。

東漢由光武到明帝，一直到三國（魏蜀吳），漢朝劉家天下也沒有了，差不多有兩百年（西元二五－二一九）。這個時候，西域交通不便，佛經翻譯得很少，相傳的也很少。到了三國的時候，這個西北，現在講絲綢之路的交通多了，才有多一些文化交流。佛教戒律的開始，都在河南曹操子孫政權（魏）下面開始的。

這個時候中國呢，幹什麼？最流行的是學神仙。在佛法沒有來之前，中國人已經有一套修神仙的方法，也在修持啊，那已經一千多年了。煉丹修道、做工夫，畫符念咒，研究道家神仙之道，花樣多了。對西方印度文化，還有修仙的法門，中國人都能接受，覺得這個稀奇，因此中印兩方面的研究

配合，就是在這個階段開始的。

這個時候還沒有好好去學打坐，也沒有禪宗，慢慢再過幾十年，鳩摩羅什過來，翻譯經典了，於是西安一帶，關中一帶翻譯大小乘經典，《法華經》《維摩詰經》《金剛經》，整套翻譯出來了。那時翻譯經典的和尚全國有幾千人。你注意啊，那些和尚不是你們這些和尚啊！

怎麼說呢？那個時候，出家人能夠拿到一張政府發的文憑叫「度牒」，是不得了的！出了家以後跳出了社會，剃了光頭，不繳稅、不限制住在哪裏，不受戶口管制，不受國家法律管制，見皇帝也不拜，政府也客客氣氣；不過人家也不理你，你也不理人家，到處雲遊，做個世外高人。所以出家人很多，都願意拿一張度牒跑去出家了，完全不受一切拘束！如果這個人小小的犯法，已經出家就不問了。等於現在犯罪向外國逃，那時候犯了一點小罪，向光頭裏頭一鑽就行了。就怕頭不光，頭一剃光萬事拉倒，就是這樣的。

現在你們和尚不好當啊，隨時還有身份管理，同老百姓一樣，那個時候

護照是什麼？光頭！誰有這個勇氣把頭髮剃掉？中國人一直到明朝，鬍子頭髮從來不剃的，剃了是犯規矩的，誰肯剃了這個！那比你從三層樓跳下來自殺的決心還大。所以出家等於自殺過一次！

這一批有學問的出家人，在關中一帶翻譯佛經，那個聲勢之浩大，影響中國文化很大很大，知識份子都向那裏走了，所以有許多人剃了光頭出家去。譬如在廬山創辦淨土宗的慧遠大師，他也是大學者啊！聲望地位也很高，剃了光頭，出家做祖師了。他那個號召力很大的，人家看到這個光頭師父肅然起敬，也肅然看不起，這是兩種矛盾和心理看法。

當時翻譯以及論辯的學問大得很，所以「三論宗」「成實宗」興起了。這個時候，真正影響中國修持的和尚是佛圖澄，這位大師過來了（西元三一〇至中國）。他不講經，不說法，就是奇奇怪怪的，修行非常好。所以「五胡亂華」，影響最大的就是他，他是走禪修禪宗路線來的。佛圖澄大師一來以後，那不得了，因為他有很多神通。那個時候當然沒有電燈，他胸口有個洞，好像一團棉花一樣塞住，晚上要看經了，把這一團棉花拿掉就看了，不

曉得身上哪裏帶電燈泡的。然後，過兩天跑到河邊去，把胃拿出來洗一洗，洗了以後，搓毛巾一樣，搓一下又放回去了，諸如此類等等。所以，信仰他皈依他的非常多。他跟關中的那一派學者，西安鳩摩羅什那一邊的完全不同，不過他在的時候，鳩摩羅什還沒有到，快要到了。

佛圖澄的弟子道安法師，對中國佛教影響最大，廬山慧遠法師是道安法師的弟子，所謂「彌天釋道安」，那是了不起的人，他的弟子很多是名僧高僧！他跟鳩摩羅什同時。這個時候才注意怎麼樣修證佛法，那時達摩祖師還沒有來。

我先講到這裏，他們叫我休息，等一下再講。大家起來喝杯茶。不客氣啊，你不起來更好。呵呵！

第五堂

內容提要

佛教文化蓬勃

說《修行道地經》

誰是不迷轉世

魏晉南北朝的佛教

道教也興旺

慧遠與《達摩禪經》

時間一下過了，還沒有講到正題，你們不要白跑一趟啊！可是我講了正題，下一次見面，你們一定要給我一個果啊，你們不得一個果，不要跟我見面，一定拿個果位出來給我看看啊！修持要有個果位出來，這個很難，但是這個條件是這樣的。

現在講到這一段，都還在正題外面，目的是先使你們瞭解這個趨勢。這個階段，中國的佛法剛起來，因為你們年輕，中國歷史不大瞭解，注意！這就是歷史上總稱「魏晉南北朝」的時代。「魏」是曹操兒子做皇帝的朝代。曹操父子的政權十幾年，就被司馬炎家拿走了，改叫「晉朝」。晉朝沒有幾年就四分五裂，中國就變成一國兩制了。晉朝分東晉、西晉，西晉在黃河流域，首都在洛陽；東晉南渡，到南京來做皇帝，從此長江黃河南北分開了。

東晉南渡以後，黃河以北「五胡亂華」，實際上，都是少數民族起來做皇帝，政治一塌糊塗，亂搞一頓。老子做個幾年皇帝，兒子起來，把老子打垮自己幹。南面的東晉之後，經過四個朝代——宋齊梁陳。宋不是趙匡胤的

那個「宋」，是劉裕。然後是齊，蕭道成，都是江蘇人做皇帝。梁朝，梁武帝蕭衍；陳朝，陳霸先。再到隋朝統一，再下來才是唐朝。

從魏晉南北朝，到隋朝開始統一天下（西元二二〇—五八一），三百多年天下大亂。那個時候，中國大致上是南北一國兩制。中國的政治之亂，是少數民族跟漢民族的亂，亂得一塌糊塗，可是在文化發展方面，也鬧熱得一塌糊塗。而且光頭也光得很清楚，這個時候出家好玩咧！有個度牒，出了家以後，你們打過來打過去，同我們都不相干，自己背一個兜兜去出家，人看到是世外高人，比現在有錢逃美國還厲害。這個時代，這個國家，是一個什麼時代啊！多鬧熱啊！演電影都演不出來的，文化鼎盛，太鬧熱了。

雖然那個時候天下很亂，可是翻譯佛經倒很多。所以，你們看到的敦煌壁畫，龍門石窟等等，都在這個階段起來的。北方文化，少數民族起來，都是信佛教。除了佛圖澄大師的影響以外，修行人有沒有呢？所以我說你們要注意，竺法護翻譯的《修行道地經》，是一部講修行的經典。這本經典，講如何坐禪、修行、證果，是一本最具體、最重要的經典（按：東漢安世高翻

譯之《安般守意經》《禪行法想經》等，是將禪觀帶入中國之第一人）。

為什麼修行，要怎麼修？《修行道地經》告訴我們，先要瞭解人怎麼來投胎，所以我叫大家看後來翻譯的《佛為阿難所說入胎經》，知道十二因緣，知道怎麼投胎，和現在生命科學都是連起來的。

現在我又倒轉來，很快跳過來講。我們曉得現在所謂轉生活佛，哪會那麼容易轉生啊！佛學道理告訴你，一個中陰一入胎就迷了，不知道前生從哪裏來。所以十二因緣是「無明緣行」，一片無明什麼都不知道，只是有動力，叭一轉，「行緣識」，變成胎兒了。「無明緣行，行緣識，識緣名色」，胎兒就成了。從這裏開始，然後胎兒在裏頭「色痛想行識」慢慢都形成了。

至於你怎麼樣去解脫，《修行道地經》翻譯得很徹底，所以要研究佛法，先要瞭解生死問題。佛跟阿難講怎麼樣入胎，如果這個學理都不懂，你談什麼學佛修行啊？這不是空洞理論，以現代科學來講，佛在兩千多年以前，把人從入胎變成嬰兒的這個科學說出來了。有些是現在科學上有的，佛

經裏頭沒有，有些佛講的，現在科學還沒有發現，這是個大科學，不得了的。所以修行，就牽涉到這樣大的關係。

《修行道地經》，我叫大家仔細研究，幾個人肯看？看都不肯看，何況談研究啊！像我看了一句話，就在研究了。開始一看，唉喲，明明「色受想行識」，他怎麼這裏講「色痛想行識」？把這個「受」字翻成「痛」，咦，翻得不好，翻錯了。後來一想，懺悔，對不起！還是他老人家對的，這個「痛」字翻得對。我們傷風了，痛不痛苦啊？痛啊，難過啊！你們先學打坐痛不痛啊？痛啊。難受不難受啊？難受。難受叫作「痛」嘛！或者打坐時不對了，也是痛啊，翻成「受」翻得很文氣，那是廣義的；「痛」是翻得很切實的，就要這樣注意。

所以說，靈魂入胎，要轉生不迷談何容易。中陰入胎就迷，如果前生有修持的羅漢再來，或菩薩再來投胎的話，入胎不迷，住胎也不迷，出胎也不迷，那真是過來人，大阿羅漢大菩薩來的。

譬如我們中國的智者大師，禪宗裏頭的四祖道信禪師，五祖弘忍禪師，

這些都是入胎、住胎、出胎不迷的人。當時道信禪師要傳法，沒有人接啊，就感嘆：哎呀，急死了，怎麼辦？他廟子上一個種松樹的老頭，沒有名字，叫栽松道長說：「師父啊，我行不行啊？你傳法，我來做五祖吧。」

「哎呀，老頭啊，你不要開玩笑，你是行啊，可是太老了，你比我還老。」栽松老人說，那我再來。四祖說你真的？「真的。」「那我等你。」所以那個老頭就走了，跑到山下，看到一個年輕女孩子正在洗衣服，他說，大姐啊！女孩子說：「幹什麼，師父啊？」「我想在你家裏借住一下。」「那不行哎，我家裏還有爸爸媽媽，哥哥姐姐啊，你去問他們吧！」他說：「問就問，我敢。」就走了。

這樣女孩子肚子就大了，赫！這情形在古代還得了，要被打死的，她媽媽不願意啊，最後把她趕出去。這個女孩子沒有做壞事，肚子卻大了。十個月懷胎好辛苦，生下來是男孩子，就是五祖弘忍。媽媽把孩子丟到水裏頭，但是沒有跟著水流下去，反倒轉流上來。很奇怪，又把他撿起來，弄乾淨養大，十四歲就來見四祖，兩個人因緣一兜就出來，悟道了。他等於自性不迷

的人，這可以說入胎、住胎、出胎不迷了。

譬如我書上常談到，你們最欣賞的一個有名的故事，「三生石上舊精魂」，是杭州的故事，也是西安的故事。你們都記得嗎？記不記得？你們都不講話。（答：記得）這是圓澤和尚，和李源居士的故事。圓澤不是那個講唯識的韓國的圓徹，你看孫教授都記得，他記憶力非常好。

這兩個好朋友，在西安那邊，到了晚年，年紀大一點，兩個想到四川峨嵋山拜普賢菩薩。圓澤法師講要走旱路，從西安走漢中、綿陽，到樂山，上峨嵋的這條路。李源說，嗨呀，我們難得坐船哪！從三峽上去，再到樂山，到峨嵋。兩個人吵來吵去，為這個決定不了。最後呢，李源決定走水路，和尚只好跟著來了。

到了三峽的船上，河邊一個大肚子的女人在洗衣服，圓澤法師一看到，哈哈，兄弟啊，完了，逃不了了，我叫你不要走這條路。李源說：「什麼事啊？」圓澤法師說：「她懷孕三年，就是等我。我想躲過不來，你偏要走這條路，我馬上要走了、要死了，三天後你來看我吧，我會對你笑一笑；十年

以後，再到杭州去找我。」所以，李源收拾了圓澤法師，打聽到這個女孩子家裏，果然，三天以後生了孩子。李源去一看，孩子抱出來了，他拿了紅包，那個小孩子對他笑一笑。李源就知道了，難過得一路傷心，把好朋友害了。等了十年，又到杭州去找。

杭州西湖山上有個葛嶺，那裏有塊石頭，叫「三生石」。李源後來守信用，到這個地方找，在這塊石頭上坐著等，三天以後，看到一個放牛的娃娃，拉一條牛來了，李源一看，知道就是他，小孩子就念了兩首詩：

第一首：

三生石上舊精魂　賞月吟風莫要論
慚愧情人遠相訪　此身雖異性常存

意思是說，過去我們談文章，都過去了，不要談了。總算你還多情啊，

還守信用那麼遠來看我。當年我是個大師父，現在身體變了，是個放牛娃嘛，可是本性沒有迷。

第二首：

生前身後事茫茫　欲話前因恐斷腸
吳越江山尋已遍　卻回煙棹上瞿塘

前生同現在都有講不完的事，已經換了一世了，過去的事不要談了，恐怕更令人傷心，我也在這裏等你哎！趕快回西安去吧！意思說你年紀大了，也快要完了，我們要回四川了！

這些是順便講，不要被這些文學迷了，你們現在沒有資格談文學，記得而已。這是說，修行有人可以到達入胎不迷，住胎就迷了，不到三果以上的境界，沒有達到三禪定以上境界，一出胎是非迷不可。

你們研究阿賴耶識，為什麼一個媽媽生出八九個兄弟，每人個性都不

同？這不是遺傳的，是自己前生帶來的業報不同；因此每個遭遇、命運也不同，可是自己不知道。所以現在常有人講，那個是活佛，這個是活佛轉生，要帶來見我，我聽了都很煩。你真是活佛轉生嗎？你是靠人家抽籤抽出來的呀！還活個什麼佛啊！我還是佛活呢！你入胎不迷嗎？出胎自己知道是誰嗎？譬如你這一生要走了，有個東西交給人，大家看到的，找個地方放好；轉世一來，前生的東西知道放在那裏，去拿來就是，那還差不多。結果還靠卜卦啦，靠求籤啦，最後抽下來，說這個是活佛。那我還可以抽一百個籤呢！我也可以說你們都是活佛再來！不過，修行的定力，真能達到出胎住胎不迷，那才叫定力。

為什麼我們入胎出胎會迷？生死來去那個壓迫的痛苦，比你熬腿比你打坐還難受萬萬倍以上。一痛苦一昏迷你統統完了，所以氣脈不修通，你想得定了生脫死，談何容易。這個都做不到，你們豈不是白出家了！

這段話把你帶領得天昏地暗了，現在我們話說回來。魏晉南北朝一部講修行的書出來，是《修行道地經》（竺法護譯，西元二三八—三一六），

講老實修行的法子。由安那般那，數息、隨息、止息，然後講到怎麼樣用息，修風大，修生命的氣，然後轉到白骨觀。因為釋迦牟尼佛在世，教弟子們證果，主要都是白骨觀、生命氣這兩個路數，都是在這兩個上面轉，很重要；再配合三十七菩提道品去修持。《安般守意經》和《修行道地經》，影響了中國道家，所以道家就有了修氣，安那般那後來變成氣功了。《坐禪三昧經》是鳩摩羅什後來翻譯的，還晚個一百年（鳩摩羅什西元四〇一年到長安）。

所以道家講修到神仙長生不死，經常用代號講話，怎麼講啊？些子事，這個「些子」是什麼？是「此」字下面「二」劃，「此二」，就是「神」跟「氣」兩個，心念跟氣兩個合一。所以佛教用念佛珠，道士用個連環圈，兩個藤的圈連環，轉來轉去，就是「神」跟「氣」兩個不分開。

這個時候，達摩祖師還沒有來（西元五二〇年到廣州），這個時候的修行，是受這本《修行道地經》影響來的，加上佛圖澄大師（西元二三二—三四八，三一〇年至洛陽）過來，口頭傳授的，用神通傳授的，怎麼樣得

定，都是走的修行路線，簡單明瞭快速，不談教理。

教理是後來在西安、關中、洛陽發展的。在西安一帶，鳩摩羅什來了以後，那邊學者很多，他們著重談學理，像「三論宗」的《百論》《十二門論》《中觀論》等等。可是你看到，凡是講教理講道理的學者們，看不起實修的人，認為他們又不懂學理，亂打坐，懂個啥啊！這般打坐修行的，又看不起這些書呆子，他媽的，那些人亂吹一氣，空講一大堆。

當時兩派就是這樣，勢力很大，所以道生法師（西元三五五—四三四）在西安，因為講究修持，這些學者都容不了他，結果被趕出關中，就到南方來了。因為長江以南是另外一個世界，也很熱鬧啊！這邊的在家居士們，由兩漢講儒家的學問起，講四書五經的，已經講得不想講了，因此專門提倡「三玄之學」，就是《老子》《莊子》《易經》。所以後來禪宗臨濟的「三玄三要」，同這些都有關係。

魏晉南北朝，北方這些少數民族皇帝的政權，專門在山上、石頭上刻佛像；南方這邊專門修廟子，也講修持。所以有一首詩：「南朝四百八十寺，

多少樓臺煙雨中。」江蘇這些廟子，都是這個時候造起來的。南朝包括四個朝代，宋、齊、梁、陳，外加三國東吳、東晉，都建都南京，所以叫「六朝如夢鳥空啼」。像梁武帝這些都信佛的，都是弘揚佛教的啊！所以，從另外一個角度來看，中國文化在五六代的政權朝代，幾百年的演變，我們只好寫個題目：「亂玩光頭」，都在和尚裏頭玩，太鬧熱了！

所以有位學者湯用彤，寫一部《漢魏兩晉南北朝佛教史》，拿《高僧傳》裏的資料寫一寫，只講一點點，就是名學者了。要是我來給你們出題目的話，這裏頭可以寫一二十部的著作，不得了。還有科學方面的東西，天文、地理，古里古怪的東西，很多都在這個時候傳進來了。

中國道家修神仙的也多，譬如杭州葛嶺的葛洪，江西的許旌陽，像萬壽宮、旌陽觀，這些道觀都還在啊！所以道家、佛家各種人物，都是這個時候出來的。可是這個社會之亂、政治之亂，只要坐著想想，讀讀歷史，就會又傷心又可笑！看看自己這個民族，在那個最變亂最苦的時代，七零八落多少變亂！這邊殺人如麻，那邊又是剃了光頭，上山修道得道，精神文明又提得

那麼高，文化偏偏是那麼發達。這是個什麼國家？什麼民族？到現在我都搞不清楚。真是奇怪的一個民族國家，這麼有意思。

這個時候，達摩祖師快來了，可是達摩祖師未來以前，他的一個徒侄先來了，就是佛大先的弟子——佛陀跋陀羅（西元三五九—四二九），是禪宗的弟子，注重修行、做工夫。他翻譯了《達摩禪經》，告訴我們怎麼樣修行打坐。這本經跟《修行道地經》配合的，後來你們看的智者大師講的六妙門——數、隨、止、觀、還、淨，都是從這裏抽出一點點，沒有完全講清楚，所以這次要給你們講清楚。明天起正式講這個修持之路，要好好聽，聽了好修行。

佛陀跋陀羅跟鳩摩羅什（西元三四四—四一三）見過面了，鳩摩羅什很多經典翻不出來，曾請教過他。他就講鳩摩羅什，大意是說，也不好好用功，你這個見解，在中國怎麼出那麼大名啊？這句話你看多得罪人啊！當然鳩摩羅什法師沒有介意，可是他的中國弟子聽了就不高興。這批和尚也都是大學者，慢慢藉故說他玩神通，破了戒，就把他趕到南方來。這個時候慧遠

法師（西元三三四—四一六）到南方了，在江西廬山成立了「白蓮社」，建立了「淨土宗」。其實這裏頭也有政治關係，因為這些和尚裏的學派，與關中學者互相有意見有鬥爭，所以他避開到南方來了。慧遠法師也就把佛陀跋陀羅請到廬山來，譯出《達摩禪經》。

佛陀跋陀羅當時預言，說後年有印度的五隻船到。他們當時不相信，說他扯謊，也是罪名之一，說他亂講神通。後來果然是有五隻船到。從這個船上下來的人是誰啊？就是達摩祖師（？—五三五）。我講這個話，因為考證年代，達摩祖師從南面坐船過來，廣州上岸。你把這些蛛絲馬跡一連起來，非常有趣；但是考證起來就麻煩了。

因為這些經典流傳，所以我讓你們看《高僧傳》，還有看《神僧傳》《神尼傳》，這個時候成就的非常多。為什麼那麼快，那麼多？因為修禪定的關係。這同禪定有關係，又沒有關係，是一個根根，兩條枝杈。

譬如說，隋朝的天下，隋文帝姓楊，是尼姑養大的。楊家是住在廟子旁邊，他媽媽生下來這個孩子，家裏不能養，一養就出毛病，發痙攣啦什麼

的。隔壁的老尼姑過來了，說，「啊呀，施主呵，你們楊府養不了這個孩子，還是歸我帶吧。」她就把孩子抱過去帶大，所以他們都是信佛的。又如宋朝第一個皇帝劉裕，也是尼姑帶大的，他的小名叫「寄奴」，在廟上寄養大的。南北朝好幾個皇帝都是這些尼姑培養出來的，本事大吧！那豈止是「尼姑生兒中狀元」，這些都是尼姑兒子做皇帝。

這個時候的佛學，大家趕時髦，有人取名字叫「羅漢」的，也有叫「菩薩」的，叫「夜叉」的也有，叫「金剛」的，叫「般若」的都有，很時髦。等於我們現在有叫「原子彈」的，也有叫「散彈」的，最時髦的就是洋文的名稱，像般若、羅漢都是外文來的，當時就是這麼一個時代。可是你看看《高僧傳》，在那個階段證果的非常多。所以我說，中國文化發展到宗教發達，禪宗流行，真修行的反而少了。

休息十分鐘再說，還不要散開。

第六堂

內容提要

達摩祖師與神光

心如牆壁是什麼

對無端的問答

色空的對答

聽不懂怎麼辦

我現在先由歷史的演變，介紹這個情況，大家要注意。

《達摩禪經》《修行道地經》這兩部經典，是歷代佛弟子修成功的大羅漢們親身經驗，一代一代傳下來的。《達摩禪經》翻譯出來，在當時也沒有大流行，但有跟著它修禪定的人。這個時候天臺宗智者大師（西元五三八—五九七）還沒有出來。後來智者大師的「小止觀、六妙門」，就是抽用這兩本經的要點，但是並不完全，也不對了。他是另走一個路線。我認為，這就是天臺宗不到三五代就斷的原因，因為沒有人好好修了，也修不好了；禪宗也沒有了，真修禪定的都沒有了，這是很嚴重的問題。

這個道理明天繼續討論。因為你們都學過一點聽呼吸啊，鼻子數息啊。和尚沒有錢嘛，只好數鼻子的呼吸了，把它當錢一、二、三、四慢慢攢吧！也攢不出來幾個錢。不過，要是真懂了數息的方法，很快就有效果的。

好了，達摩祖師和鳩摩羅什、佛陀跋陀羅，三個都是印度來的，可是沒有同時。佛陀跋陀羅是從南方廣東這邊上岸的，達摩祖師也是，不走絲綢之路。鳩摩羅什是從西北這一邊過來。一個從北印度過來，兩個是從中印度尼

洎爾，從南印度這邊轉過來。來中國的路線兩條，修行的路線也是兩條。

現在我們討論禪宗，昨天講到，達摩祖師取禪宗心法來，在《五燈會元》《指月錄》上也看到關於二祖神光。當然你們大家要注意他，我寫過一些小文章叫《禪話》，你們再看看。

二祖神光見達摩祖師以前，也在修定，他打坐用工夫很深入，而且沒有出家以前，他是研究「三玄之學」，是「老莊」的專家學者。他學問非常好，下面學生弟子，信他的人很多。他因為看了佛經以後，正式出家，出家以後求道，到達摩祖師這邊。所以，禪宗的記載很簡單，在雪地上站著求法，不要說砍不砍膀子。古道昨天跟我講，「老師啊，那個嵩山真冷。」我說那是中嶽嵩山，中國的中天啊！當然冷，再加上它那個雪，凍得很，神光為求道不怕凍。

注意哦，你看看，二祖到嵩山見達摩祖師，達摩祖師在打坐，這樣冷的山上還下雪，他站在旁邊。達摩祖師回頭，看到他站在那裏，不知站了多久，這雪下得已經把兩個腿埋了。所以達摩祖師問他：「你幹什麼？」他

說：「我來求道問法啊！」達摩祖師大罵他一頓，意思說，你來問禪宗的心法，立地明心見性成佛，那麼容易做到嗎？

「諸佛妙道，曠劫精勤，難行能行。」你看罵得多厲害。一切佛無上的道，「曠劫精勤」，你做了多少功德啊？你修行多少了？曠劫，諸佛菩薩是多生累世，真正勤勞在修，修什麼？難行能行的菩薩道，一般人做不到的事，他做了。「非忍而忍」，有些忍受不了的痛苦艱難，能夠忍得住。所以小乘修行，也講「忍法」，譬如打坐熬得住，也是小忍。

「豈以小德小智，輕心慢心，欲冀真乘，徒勞勤苦。」他說，你呀，想學禪宗，傳你心法，立地可以成佛，你休想，你在這裏打什麼妄想！

這一頓收拾下來，夠慘吧！那麼冷，站在那裏，下大雪，雪到膝蓋頭這裏。師父問他，你求我幹什麼，他說我要求道，結果被他這一頓罵。因此他表示誠懇求法的決心，抽出戒刀來，把膀子砍了。達摩祖師也是人嘛，有慈悲心，就說，好了！收容下來。我們不要光是看文字，應該說不是這個時候馬上問他什麼，是過後問他有什麼經歷。當然他把修行經過一切告訴師父，

就是「此心不能安」，所以，達摩祖師說：「將心來與汝安。」他說：「覓心了不可得。」心找不到。

達摩祖師說：「我與汝安心竟。」就是這樣下去，我給你安好了，參究一下，你可以安心了。這是當時接引的一種機緣，寫禪學的人，自己就下注解了，認為這個時候二祖悟了，哪裏說二祖悟了？這是當時接引的禪宗手法，意思是，好！你如果找不到心，那就是啦！這些佛經上都有嘛，寫得明明白白，「心不見心」，「心不自知」啊，心是找不到的，所以「覓心了不可得」。

我問你，壬師啊，譬如你出門帶了三萬塊錢，臨時要用，結果你找了半天丟了，你說找不到了，這個時候你如何？「好吧！那就算了吧。」那個好吧，就是算了！沒有了就算了。找了半天找不到的時候，那個心情，自然有一種放下，輕鬆的感覺。但這並不是禪哦！也是禪的一種，是接引教育的手法，不能說在這裏就是悟道。真正的悟道是用工夫，是另一個境界。你不要看了這些語錄，隨便受騙。

達摩祖師告訴二祖，當然他在那裏有多久沒有記載，也跟在他身邊了，在嵩山少林寺那邊，告訴他怎麼用功：「外息諸緣，內心無喘，心如牆壁，可以入道」，這是真東西來了。外面境界一切放下都不管，這個外不是身體以外哦！你內心上那些什麼念佛，念咒子，做各種各樣的工夫都放掉。「內心無喘」，「內」也不是身體以內的內，再深一層，你各種念頭、各種思想一概放掉。然後，呼吸也寧靜，不呼也不吸，沒有心息的往來，完全寧靜了。到這個時候，「心如牆壁」，內外隔絕了，外邊也打不進來，「可以入道」，可以進門了。工夫沒有到這一步，什麼都不要談。所以這一段記載很真實。

等於昨天，我過來想給丁師改姿勢，我還沒有走到，他已經抬起眼看我了，他就動了。後來第三次過來，他又動了。我說：「你幹什麼？」他說：「我看到你過來。」我說：「你不要受我影響嘛！我過來同你什麼相干？」要內外不動，心如牆壁，過來過去都知道，但是都不相干。

然後記載說，這個時候，二祖還跟在達摩祖師旁邊，跟了多久，這個查

不出來。每一次，他向師父報告用功的心得時，達摩祖師「只遮其非」，不對！不對！否定了他。沒有告訴他什麼不起妄想，無念就對這類的話；沒有告訴他怎麼去除妄想，怎麼就是道，一切只是否定而已。

有一天，二祖來告訴師父：師父啊，我做到了，我到達了，外緣都息掉了。換句話說，一念不生，什麼都沒有了，什麼都不起了。達摩祖師說，你不要落在斷滅見上哦！認為什麼都不知道，什麼都沒有，都空了，那就不是了。他說：沒有啊，我都清楚啊。好，從此入門了。

這一段「外息諸緣，內心無喘，心如牆壁，可以入道」，這個時候也不打機鋒，也沒有什麼轉語！這些路線走的是真正的禪宗，是「直指人心，見性成佛」的一條直路。而在這句話中有關工夫見地，你自己參一參，這個參不是去研究，是一邊做工夫一邊體會，保證你成功。

「外息諸緣，內心無喘，心如牆壁，可以入道」。一切放下完了，既不落入昏沉，又沒有散亂，清清楚楚，明明白白。本身自性自然現前，這是一個重點。

今天晚上你們先掌握這個重點，夜裏體會體會，明天起正式告訴你修小乘止觀這個修行之路，配合上這個，然後再講一點禪堂的規矩。反正一下搞不完，也沒有個場地表演，譬如打香板，香板怎麼來的？我開始提出來，你們沒有答啊（答：從雍正開始）。不要亂用香板，千萬注意。我很反對亂用香板，就怕你們將來，又有武功，又亂用香板，當個木劍那麼用，亂去打人家的屁股，來生果報，給人家打屁股受不了啊。

好吧，今天先到這裏為止，回去先參這一段。看看做到怎麼樣！明天再來討論了。我請少林寺同學們先留一下，對這四句話，體會到什麼程度啊？閒談一下，好不好？講講你們個人的經驗體會。這樣，丁師開頭吧，他敢說的，無人無我，放開來說。

僧丁：我覺得這個話的意思，禪宗有句話叫「大死大活」。

南師：這是講道理了，講你自己的體會。

僧丁：我自己的體會，自己心裏面的東西，因為在久遠劫來，輪迴的過程中，染上妄想執著的習氣，這是在內心裏，而不是外邊的東西，這些習氣

要從內心裏把它放棄。

南師：對。

僧丁：心裏面「外息諸緣，內心無喘」，你再遇到這些事，你內心不會有這個喘息，喘息是波動啊。如果我喜歡這個東西，馬上有個感覺，有這個反應一樣的。「外息諸緣，內心無喘，心如牆壁。」就是說對這個東西，已經放下了，看見了就看見了，就是說心慢慢的清淨了，清淨了就可以入道，慢慢地可以進入這個道的門嘛。

南師：這是你的理解？

僧丁：呃，對。

南師：那你平時做工夫也是這樣做嗎？

僧丁：平時對這個想得很少。

南師：不大注意這個道理，重點不在這裏的？

僧丁：對。

南師：那請你再說。

僧丁：我平時對這個上面想得很少，因為以前我看《心經》，對《心經》想得多一些。

南師：那你對《心經》的心得講一下看看。

僧丁：對《心經》我是這樣看的，因為這個「色」和「空」，很多的概念問題，我的體會就是，理解概念問題比較明顯。就是說「空」和「色」，好像一個人兩個名字，老是弄不清楚。對這個問題，我覺得一個體會就是，「空」跟「色」啊，其實他講一個東西，兩個名稱，就是「空」跟「色」，已經形成一個固定的思維，這個思維就轉不過來了。他說這個「空」是「色」的時候，反過來說「色」是「空」的時候，腦子就轉不過來了，在這上面混淆，混淆了很多概念，人的內心就產生了很多執著和妄想，不知道「空」跟「色」是一回事。

南師：你是這樣看法嗎？

僧丁：嗯。

南師：嗯，好，那麼一直是這樣看法？

僧丁：對。

南師：你得結論了沒有呢？你自己做了結論沒有？

僧丁：我自己覺得，到最後還是用功吧，這樣一個體會就是說，把這個道理弄明白以後，心裏馬上有一種渾身很通暢的感覺。

南師：那麼，你認為「色」、「空」兩個轉來轉去，只是名相上在轉嗎？

僧丁：這個，它含義不一樣。每一層，每個階段對這個含義理解不一樣，這個本質呢，是一樣。

南師：不是啊，你現在的觀念，你講的是兩個名辭上的觀念在轉來轉去。

僧丁：這個概念，還是心理認知的這個概念，如果它這是個本質，你說它是空，已經不能接受了，因為一般的人，從小熏習已經不能接受了。你要說是個本質，他肯定能承認，你說它是個空，他已經不能承認了。所以，人這個習氣毛病，首先都是在色相上熏習出來的。

南師：是你的認為？

僧丁：對。

南師：那佛法講「色法」是講實在的哦！色法就是唯物哦！就是你這個本質，這個本質是真的哦！色法是有的哦！不是空的哦！

僧丁：對。就是這個相的形成，要知道它的形成，並不是說，你知道它的形成，就不會執著它了。要知道這個東西是怎麼形成的。

南師：怎麼形成呢？

僧丁：這個東西就是《心經》上講到的「五蘊」嘛！它是「五蘊」相互作用，形成的一個東西。

南師：你這個是講佛學，佛法所講的色法，不只用佛學講，還要用科學講解，這一點，你們千萬要注意，要懂一點科學物理。科學的物理，顯示這個東西本來也是空的，大科學家也知道，色法就是物，色法包含了五種，在佛法裏是「地、水、火、風、空」，是有「質」的，就是現在講物質的。但是現在科學都曉得，這個物質，分成表色、形色、顯色等等，各種現象歸納

起來有三十幾種，它的變化很大。

譬如我們這個肉體坐在這裏，你覺得難受，像今天給你調姿勢，碰過你的背部，這些都是色法作用。有就是有，不是空。

僧丁：我講的意思還不是這個意思。我講的意思就是說，人這個心啊，我把它當成心，就是說，這個心的形成，都是因為色法上的一個經驗，一個積累。

南師：你講得對啊！你講得對。我剛才忘記了給你講，色這些東西就是相嘛，色相本來是空的，你是從心法上講這個色相，這理論你講得差不多，但是以後不能這樣講了。你這樣講，跟一般普通學佛可以，針對一個大時代科學就不同了。現在要懂得科學，科學講的那個色法的空，跟佛法講的究竟空不一樣，叫你留意這個。

僧丁：我對《心經》體會的就是說，有些人是在解釋這個概念，我認為這個概念不用解釋，可以變換一下，就是空跟色吧，它是一個概念的變換問題，並不是解釋什麼，用空解釋色，或者用色解釋空。

南師：對，你講概念就是現代的話，就是一個「概念」，我們現在先回來，討論什麼叫概念。

僧丁：概念就是定義嘛，它定義這是一個本質，它就是一個本質。

南師：但是，所謂概念，我們講實在一點，就是我的心裏、思想上有這麼一個東西，一個觀念，這個叫概念。概念是現代邏輯上產生的名辭，古人沒有這樣用，古人只叫「念頭」，就是這個「念頭」。

僧丁：念頭，對。

南師：現在新名辭叫「概念」。這個念頭、思想，你說色、空兩個變來變去，你就是說，這個都是玩弄自己的思想。你思想覺得沒有這個東西，心裏就舒服了，空了，放下了。

僧丁：放不下的，就是這些東西。

南師：對。放不下就是你這個念頭，自己放不下。

僧丁：對自己念頭放不下。

南師：你說色也好，空也好，都是自己念頭上在轉，玩弄自己嘛。把這

個念頭放下來，就無所謂了，色也好，空也好。

僧丁：對。明白了它兩個是一樣，一回事嘛。

南師：以現在來講，這個是從一般心理學上的講法，也可以做得到，但是究竟「色」「空」，不是這個道理，叫你留意啊！明天再討論。看你還真在山上用功，沒有白出家，年紀輕輕你到現在還真在用心呢！真了不起，但是還要進一步。這個明天再討論。

後面還有吧？還有哪些年輕的朋友？免得有話憋住不說，不好啊，有沒有？有話則長，無話則短。好，甲師講話，你講清楚一點。

僧甲：剛才這個問題，也是我一直想不通的問題，這在《楞嚴經》上，佛開示阿難的時候，在那個「四科七大，會歸如來藏性」。四科就是五陰、六入、十二處、十八界；最後是七大。「會歸如來藏性」，在這個地方。

南師：對，你正好說有問題問我，你們有事情諸位儘管請啊，他要求我給他一點時間，我現在給你時間，我們兩個討論。

僧甲：就是這個問題一直參不通。

南師：你說根據剛才丁師講起，你現在提出你的問題是吧？大家沒有聽懂你的話，你說《楞嚴經》上關於地、水、火、風、空、見、識，七大。

僧甲：七大歸納起來，就是「根塵識」，「根塵識」最後佛法歸納成為幾句話，他就是說，「根塵同源，縛脫無二，識性虛妄，猶如空花」，後來他說，「知見立知，即無明本；知見無見，斯即涅槃，無漏真淨。」就是這個地方我就不懂，如何是「知見立知」？如何是「知見無見」？這是第一個問題。

南師：你問得好。你要我留時間給你，就是問這個問題？還有很多嗎？

僧甲：還有對於那個「緣起性空」的問題。「緣起」屬於生滅法，「性空」屬於不生滅性，但是《圓覺經》上講，「未出輪迴，而辨圓覺，彼圓覺性，即同流轉」。但是我們平時起心動念、行住坐臥，都在這個無明用事，「以輪迴心，生輪迴見」，「於無生中，妄見生滅」，那個就是我平時一念無明所在的地方。

南師：你第一個問題牽涉到《楞嚴經》，第二個問題牽涉到《圓覺經》

了，還有一個，原告先提出來，被告再來答辯。

僧甲：那個「緣起性空」的問題，就是見到性空，在我們一般普通的凡夫知見呢，認為空就是空，色就是色，但是在勝義諦中，色就是空；空就是色。這是在勝義諦實相上講，就是在緣起性空、性空緣起這兩者之間，不再自相矛盾。這個也是《楞嚴經》上講的問題，就是地、水、火、風色法，「性色真空，性空真色，清淨本然，周徧法界」，這個也就是說的「緣起性空」的道理。

南師：你都背得很好啊，不錯啊！

僧甲：靠書本上的東西解決不了啊！

南師：你心裏不安，解決不了。

僧甲：心裏一點都不踏實，書本上的東西已還給書本了。

南師：你這三個問題都很大，如果這三個問題都踏實就好了。

僧甲：還有一個問題，佛在《維摩詰經》上講的那個，舍利弗在宴坐的時候，維摩居士就呵斥他：「不斷煩惱，而入涅槃，是為宴坐，佛所印

可」；答文殊說：「如是見無為法入正位者，終不復能生於佛法」；這些個問題是禪宗的關鍵，禪宗也是講「不斷煩惱、不除魔見，而入佛見」，「不壞世間相，而求實相」。

南師：哎，你這個孩子不錯哎，出家這幾年在山上不是白住啊。

僧甲：對於禪宗的機鋒轉語，我是一句也看不懂，但是維摩居士還有一句哦，「不起滅定，而現諸威儀」，這個從字面意義上講，就是說他隨時行住坐臥都在定中，包括在這個三界之中來去，生滅去來，連迷夢都沒有出定；就是像夢中夢境一樣，畢竟還是有迷嘛！要醒來，才知是夢。

南師：好啊，你這樣四個問題，還有沒有？你都抖完嘛，抖完了我先給你收到，放在那裏，要答你的，你問的問題都是很大的問題啊！

僧甲：不是有很多佛的弟子被維摩居士呵斥過嗎？迦旃延尊者他是議論第一，佛說一句偈或者簡單的講幾句，他就闡述得淋漓盡致。但是維摩居士呢，也就呵斥他，就是「無以生滅心，說實相法」。那我們就是以這個生滅心……

南師：沒有錯，還有沒有？

僧甲：暫時就是這些了。

南師：你打電話找我，找李居士轉來，就是這個問題啊，就是這些嗎？都是公事哦，沒有私事嗎？（僧甲：嗯）都是佛法的事哦，就是這些大問題。哎，不錯啊！這幾年住山還不是白住的，住出問題來了，你這幾句還真的背來，真了不起，你這四個問題是一個問題啊！

僧甲：一個解決了，其他的都可以解決。

南師：我想請你替我解決，你不要客氣嘛！

僧甲：唔……我就是解決不了。我解決不了這些問題。

南師：我想請你替我解決這些問題，你聽懂了嗎？這就是禪宗。我替你解決得了，釋迦牟尼佛當年早替你們解決了，他也沒有替我解決啊，這就是禪宗的機鋒，我說請你替我解決，就是要你自己解決。你剛才談的，講學理，你這幾套為什麼不寫出來？把你這幾句問題寫出來。丁師！你是牙齒痛麼？上火還是什麼？吃黃連上清，馬上去拿一下。還有哪個身體不舒服的先

講，趕快拿藥吃啊！倒點水給他，然後這一包給他，他有點虛火上升。

你在經典上知見上鑽用功，你首先提的，用《楞嚴經》引用的：「七大皆是如來藏性，既非因緣，非自然。」你都在用功，在研究了，佛門這口飯你倒是沒有白吃，不是白出家啊！嘻！你了不起，我真是恭喜你了，不然我怕你辜負自己。「佛門一粒米，大如須彌山」哪，你有資格吃這口飯了。我現在解決不了你的問題哦，先給你講第一個問題。

你提到《楞嚴經》上說，七大的見，明心見性的見，「知見立知，即無明本，知見無見，斯即涅槃，無漏真淨」，原文是不是這樣？我們一切眾生存在所知所見，這個「見」，不一定眼睛看見的見，剛才丁師父講的心裏頭的概念，這個觀念就是見地，知道一切這個就是知與見，「所知所見」，不談「能知能見」的啊。知見這個作用就是心念，對不對？（僧甲：對）這個心念知道的、思想的，這個就是「知見」。對不對？（僧甲：嗯）

「知見」有了，心裏有個知道了，有個思想觀念，「知見立知」，這就是一念無明，就叫作妄念，「即無明本」。現在解釋文字，對不對？聽懂了

吧？是不是這樣？這兩句話是不是這樣？（僧甲：嗯）

再下面，「知見無見」，假使一個人做到，妄念、感覺、執著，一切皆空，達到了「知見無見」，空了，沒有了，不起這個知見的作用了，「斯即涅槃，無漏真淨」，這個境界你到達了，就證得涅槃，證得當下無漏，得無漏果了。當下一念清淨了，是不是文字這樣？

僧甲：這個我不知道。

南師：我講的對不對啊？請你決定，你說沒有講對，再來。對了沒有？

僧甲：這個我也不懂。

南師：那我不是白講給你聽嗎！你只曉得問，我答覆你，你又說不知道，我豈不是白講了！那不是說白話，你逗我玩的。

僧甲：這個「知見無見」，是不是離心意識呢？是不是那個意思？

南師：你又亂扯了，現在講這幾句話，你又扯一個問題出來了。你就是專門在那裏打妄想，佛門的米給你吃下去，一天到晚在串這個妄想啊！你亂扯下去，我就不答覆你。哪裏給你們這些人搞得完啊！這樣聽懂了沒有啊？

我先問你這一點。哎！你不要老是問你的話，你女孩子氣那樣，搖搖擺擺點個頭，要同男人一樣，聲音大一點！男子漢大丈夫嘛。

僧甲：還是不懂。

南師：聽不懂是吧？那就沒辦法了。那就放到吧。不懂，那你四個問題我都沒有答覆你啊，以後再說，因為我答了你也不懂，聽不懂！

大家還在這裏，現在我不跟你講了。宋朝有個禪宗祖師——遇安禪師，住浙江溫州瑞鹿寺，還注解《楞嚴經》。他讀《楞嚴經》，讀到「七處徵心，八還辨見」上這幾句重要的話，「知見立知，即無明本；知見無見，斯即涅槃，無漏真淨」，很誠心的在讀，忽然開悟了。他怎麼開悟？自己讀了這幾句原文，把句子一改，他開悟了，所以他的外號叫「安楞嚴」。

你看原文是「知見立知，即無明本；知見無見，斯即涅槃，無漏真淨」，他忽然讀到這裏，拿那個筆點一下，「知見立，知即無明本」，有個知，就完了。「知見無」，知見一概丟掉，就是剛才丁師講「概念」，這個念頭一下都把它丟完，「斯即涅槃無漏」，連「真淨」兩個字都不要，自己

就悟了。所以他把圈點一改，就這樣他大徹大悟。

人家自己會圈點，就開悟了。你要問人，別人給你解答了，還是聽不懂，那就將來再說吧。換一句話說，你要問我，我說，「你聽懂沒有？」你說聽不懂，是吧？那麼我要以禪宗作風說：「兄弟啊，回峨嵋山去，聽懂的時候再來。」就好了。

好啊，休息一下。我到這個時候精神就來了，要麼我跟你們玩到天亮。因為他刺激我，精神來了嘛，哈哈，「知見立，知即無明本」，我就起來了無明，一片無明火就發了，恨不得揍他一頓。

第三天

二〇〇五年十二月十八日

第一堂

內容提要

唱念的重要
音聲陀羅尼
說氣脈
色法　心法
鳩摩羅什說色空
跋陀羅說色空

昨天晚上，達摩祖師和二祖神光譏笑我，那個態度很難看，恥笑我犯了戒律，犯什麼戒律？達摩祖師曾有一句話吩咐「勿輕末學」，也可以說「勿輕末學」。末法時代，雖然修行人比較少，但是叫大家不要輕視了後輩。唉！我有這麼一個錯誤，認為這個時代，根本沒有人，可是還真有人，還出家，還研究禪。這幾天因緣雖然很短，昨天晚上聽了丁師、甲師，加上前天壬師，三位出家同學的報告，我倒有點驚訝，不錯啊！了不起，在這個時代還有這樣的年輕人，所以祖師們也來恥笑我，「傲慢啊！不要輕視末學。」

原來古道師的理想，讓很多老參古參來，結果他沒有辦法應付了，隨便弄兩個新參，找幾個師兄弟來跟我應付。這次至少亂七八糟鬧出來了。不錯啊！也是三山五嶽的，你看，三山，嵩山少林寺，武夷山，峨嵋山；沒有五嶽就是了。哈……現在先講事務性的感想。

其次，我非常提倡軟修法門的唱念。真正各個廟子的出家人，把唱念軟修法門修好，就是大的觀音法門，可是沒有幾個人做到的。而一般的出家在家，不管和尚尼姑，喉嚨都打不開，像甲師一樣，聲音都聽不見。為什麼

聲音不好？唱念不好？這就要反省自己是不是因為功德不夠，自身業報把你的聲帶呼吸氣管鎖住了！注意哦！這個地方是生死關。男人的喉結是呼吸系統、聲帶的地方，和全身氣脈都有關係的。

所以普通人講算命看相，只看外表，不知道有個內五行——金木火水土，非常重要。所以你看再三讚歎阿彌陀佛諸佛菩薩那個聲音，頻伽之聲。結果好多人連講話都不清楚，聲音發不出來，唱念唱不好，也不唱，還看不起這種念法；也不曉得懺悔反省，那是自己多生累劫，沒有說法利眾生，外加造口業、惡業的果報。

一個叢林寺廟，唱念很重要，過去我去的西藏，不是現在，現在我看來聽來的差一點了。抗戰以前，沒有解放以前的西藏，一到晚上出家人連老百姓，滿山遍野只聽到「嗡嘛呢叭咪吽」，震動那個土地，一聽，人就寧靜下來。這個觀音法門音聲力量是那麼大！顯教的唱念不是唱歌，是從華嚴字母來的，前天曾叫宏忍師示範一下。假使嵩山少林寺、武夷山、峨嵋山上，晝夜聽到這種唱誦聲音，人一進到那個環境，不要修行就已經修行了；所以壬

師聽了很震撼。

過去我們在美國的時候，講起來已是二十年了，那個時候沒有人敢到大陸來，尤其出家的尼姑。宏忍師到大陸來走了一圈，我也叫她到處都要教人家多一點唱念法門，武漢蓮溪寺還有她的唱念錄音。所以你們華嚴字母是要研究，一切唱念都從華嚴字母來的，是音聲陀羅尼，是一切咒語，一切顯教的根本。你們有些出家大師們喉嚨不好，多開口念咒子念經，同小孩讀書一樣朗誦，慢慢這一生可以把喉嚨打開。

至於修行到達氣脈通了，喉嚨這一關，道家的名稱「十二重樓」，也叫作金鎖關。最後一口氣不來就死亡，因為這裏鎖住了，等於女性恥骨這裏。所有道家有兩句話告訴你，其實它是修行秘密：「上鵲橋，下鵲橋，天應星，地應潮。」道家書你們看不懂的，那是工夫經驗來的。上鵲橋，就是男人的喉結這裏；下鵲橋，是男人攝護腺到海底部份；女性是子宮卵巢到海底。男女的生殖器官不同，男人器官裏頭兩個管子，上面這個管子輸尿的，下面那個管子是輸精的，從一個口子出來。女性的是，上面口子是尿道口，

下面的口子是陰道口，那裏的骨頭叫恥骨。所以你們學武功學醫術，這也都是應該懂的，不然同參的女性練武功又修行，你怎麼指導啊？你慈悲不能只慈悲男性啊，平等的啊！

所以女性要生孩子的時候很痛苦，恥骨要打開，因為骨盆裏兩恥骨是軟骨聯接，骶尾關節在分娩時後移，骨盆打開，孩子才生出來了。所以生了孩子要坐月子，一個月一個月慢慢恢復。

我們喉結這裏也一樣，修行看你們的工夫，一看這裏就已經知道了。所以祖師說，嘿！你們學佛參禪，在我面前走三步路，你的命根我都知道了。因為一看這裏都看得出來，就曉得有沒有工夫，有沒有修行。不管你練武功練氣功，不對就是不對。

這個金鎖關上鵲橋打開了，生來死去可以作主了，預知時至，要走就走，要留就留。在密宗的氣脈說法，這一節喉脈叫喉輪，也叫作受用輪。粗的說有十六根脈，密宗氣脈你們少林寺的同學有研究聽過嗎？都不清楚！三脈七輪非常非常重要，這和《入胎經》要配起來研究，來不及跟你們講，我

想告訴你們的太多太多，時間都來不及啊！

所謂氣脈，包括密宗所講三脈七輪，中醫的十二經脈，統統在內。安那般那出入息修好了，氣脈真的修好了，自己在定的時候，不管開眼閉眼，自身的氣脈走到哪裏就清清楚楚。像前天丁師的報告，我聽了很高興，他能夠看到內臟，雖然不詳細，乃至瞎貓撞到死老鼠，能撞一下都是了不起。

喉輪（受用輪）打開了以後，醒夢一如，自然沒有妄想了。所以拿色法來講，氣脈不打通，妄想除不了的。以科學來講，我們嘴巴吃東西進去，喝東西進去，由咽喉到胃這一節食道管，屬於受用輪喉輪的氣脈，同下面的大腸小腸一樣，永遠不乾淨的，髒得很。你以為吃素就乾淨了嗎！喝牛奶都不行，喝一點水都不行，你看那個玻璃杯裝牛奶，牛奶喝完了杯子上怎麼樣？有經驗嗎？如果不洗的話，喝個幾十次，這個杯子就不透明了，玻璃杯有一層一層沾上去的污垢。所以我們的喉脈，食輪的脈，飲食吃下去，喝酒啊、喝茶啊、喝水啊，一天到晚都沾在這裏，不乾淨。因此從這裏到腦子，妄念不會停的。至於下面的腸子、膀胱，大小便經過的地方，都不乾淨的。

真得定，修持達到氣脈通了，到了辟穀的境界，不要飲食了，只喝水，它完全通的，內身就變成玻璃體了。所以密宗講，報身修到琉璃之身，臨死的時候可以變成一陣七彩的虹光就走了。過去我們的祖師，印度幾十代羅漢都是這樣走的。這是有為的工夫，不是講理論可以做到的。這些事多得很，跟你們講起來很鬧熱的。

所以，隨時都要考驗自己有沒有修行，像我這幾天跟你們講話，我正在生病啊！傷風感冒沒有好，可是我可以跟你們玩到天亮，玩個兩三天，你們還撐不住。以年齡以身體來講，我比你們吃得少，年紀又大，為什麼如此呢？氣脈關係。我就是個話頭，你們就要參了。這些道理，一下講不完的。要修行，平常跟了我很多年的出家在家同學，完全搞清楚的，還是沒有。理論懂了的，工夫配不上；懂了出世法的，入世法不懂；懂了入世法的，出世法不懂。怎麼行啊！我這個人牢騷多，挨了祖師的笑，我就來罵你們，報復一下，呵呵！要好自為之，好好修！現在來不及給你們講。

講到唱念，昨天晚上我告訴宏忍師，像壬師他們少林寺的同學們，如果

要學華嚴字母，你發心好好唱念，讓他們好好學。把《禪門日誦》的華嚴字母印出來，發給他們，當場講一下這個字母怎麼念。等一下或者明天上午，多討論一下，多偷一點東西回去，連這個都不曉得偷啊！嘿喲，還出家！連小偷都不會做！有時候要偷法啊。所以你們學武功，嘿嘿嘿，要偷功啊！我當年那個老師，武功很高，他做過小偷，做過賊。我說：「師傅啊，做小偷有秘訣嗎？」「有啊，那不告訴你。」後來他告訴我，我也背不得了，只會背開始兩句：「偷風不偷月，偷雨不偷雪。」風大了可以偷，門開了有點聲音聽不清楚嘛；月亮夜不能偷，要黑夜偷；下雨天可以偷，下雪天不能偷，路上會留足印。

「偷風不偷月，偷雨不偷雪」，文學很高，後面的我當時記了很多，後來就懶得記了。你們既然學法，要懂得偷法嘛，每人都有長處，在各人那裏偷一點回去。所以你們要學唱念，就請人家唱念才能學嘛！偷一點點也好。

我今天之所以把這個引磬木魚都帶上來，希望有空請她教你們唱華嚴字母，怎麼拼這個音，連帶關係如何。等你們會了以後，再告訴你所有密咒

的秘訣，你就貫通了。咒語音聲有無比的威力，可以降一切魔。這些閒話交代過了，今天有重要的給你們講，只剩明天一天時間了，明天晚上以後，我們各奔前程了，嘿嘿。當然，要想跟你們講的實在太多，你們這幾位年輕的啊，引起我注意，我以為佛法沒有希望，現在出家的沒有希望了，看來你們還有希望，很了不起，好自為之。

今天要告訴你們如何用功，就是禪宗心法。漸修而到頓悟，這兩個配合，簡單明瞭幾句話，懂了以後，知道如何習禪修行。在講這個以前，先說昨天丁師報告得非常好，他講到色空之義，在中國佛教有名的叫「色空義」，你們念《心經》，「色不異空，空不異色；色即是空，空即是色。」色與空的關係，也是小乘與大乘的關係。

昨天丁師雖然講得很好，但是不徹底，他只是講「色空」是概念，不著相，是統一的，是中觀的，也是了義的；這個隨便用名辭吧，我在最後告訴他，沒有完全對。

「色空義」的討論，是南北朝時，佛陀跋陀羅翻譯了《達摩禪經》才開

始的。這部經教我們修禪定的方法，他是達摩祖師的徒侄。後來慧遠法師在廬山創立淨土宗，佛陀跋陀羅寫信和鳩摩羅什討論「色空義」，討論得很厲害，這是中國佛教所謂的見地。拿你們讀書人講，是思想的發展史，影響非常大。說色即是空，什麼叫「色」法？大家應該都知道，地水火風空，這五個屬於色法；換句話說，拿現在講，是物理的、物質的、唯物的。

本體性空的「空」是心法，是唯心的，不是唯物，實際上是「心物一元」的。如果只認為色法是講現象，目前一切現象空了，就是色法空了，那是一點點而已，那只是「空色相」，空色之相，沒有空色之體。這個心物一元的道理很大，牽涉到哲學及最高的科學。譬如我們曉得世界上有原子彈、氫彈，這是物質造成的。氫彈原子彈的爆炸力，殺傷力為什麼那麼大？因為「空」的力量。爆炸了就是空，空就是那個爆炸。物質的極點夸克，最後那個東西，那個能量一爆炸就是空。你看，那個電燈泡空的，你把它一打，「劈呀」一聲，那個爆炸的力量大得不得了。你們沒有學過科學，不講了。

所以佛也告訴你，最後的那個物質，叫作極微。一切物質由極微組織攏

來的，都是緣生的，它爆炸是空，但是空以後，有沒有東西？有。佛在《楞嚴經》上給你透露了消息，在小乘裏頭也透露過。物理的這個「空」，乃至一個細胞，任何一點灰塵，把它剖開了以後，與科學方法把它爆炸了以後，是一樣的；它七分（上下四方中七微）有「色聲香味觸法」。你看一切的東西爆破以後，有氣味，你聞到那個氣味就會死，那是「空」的力量。所以時代不同了，講法也不同。不講遠了，我們沒有時間，因此給你找出來，《指月錄》上講「色空」的關係，大概抽出要點講，不是完全，完全資料很多啊。講義發一發吧，以他們出家眾為主，在家眾不夠，再去印。

秦跋陀禪師問生法師講何經論？生曰：《般若經》。

《指月錄》這裏印的是秦跋陀禪師，就是佛陀跋陀羅禪師。佛陀跋陀羅問生法師，不是道生法師，應該是指鳩摩羅什。《指月錄》這裏改變了，給鳩摩羅什擦粉，把鳩摩羅什改成道生法師了。「道生」是誰啊？就是「生公說法，頑石點頭」那個生公。其實，道生法師跟跋陀羅一樣，都是被關中這

些大師趕出去到南方來的；因為他們是講修持的，和這些講教理的派系不合的原故。

其實這一段話不大對的，要查《高僧傳》才能知道，實際上是鳩摩羅什有時候解決不了問題，就請跋陀羅禪師來。他們都是印度人嘛，請他來解決佛法問題。

他問鳩摩羅什：「你講什麼經典啊？你注重的是什麼啊？」回答說，是《大般若經》。《心經》是小般若囉。

師曰：作麼生說色空義？曰：眾微聚曰色。眾微無自性曰空。

跋陀羅說：「那色即是空，空即是色，色空義，你怎麼理解啊？」鳩摩羅什的答話：「眾微聚曰色；眾微無自性曰空。」答得比丁師進步一點了。哈哈，當然進步。「眾微」，一切的微塵，拿現在的名稱講，一切的夸克、中子、質子綜合攏來，凝結起來，變成固定有形象的東西，就是「眾微聚」，這就叫色法。「因緣生法」，聚攏來，叫作「有」。

但是「眾微無自性」，物質的每個質子，最後的能，分析到最後是空

的。無自性，沒有自己單獨存在的功能。一個物質爆破了最後是空的，這就叫作「空」；把這個物質打破了，毀滅了，就叫作「空」。等於這樣講法。

師曰：眾微未聚喚作什麼？生罔措。

跋陀羅尊者就問了：「哎，那麼眾微未聚喚做什麼啊？」他說，那個能啊，那個能量沒有湊合攏來，沒有變成物質以前，那叫作什麼啊？拿現在講，完全牽涉到最高的物理科學了。這個天地萬有沒有構成以前，虛空裏頭有沒有東西啊？是個什麼啊？「生罔措。」鳩摩羅什不曉得怎麼辦？被他問得答不出來了。好了，跋陀羅就放他一馬，不問了，面子上趕快轉彎，接下去說了。

師又問：別講何經論？曰：《大涅槃經》。師曰：如何說涅槃之義？曰：涅而不生。槃而不滅。不生不滅故曰涅槃。

另外又問，「別講何經論」啊？他說，你除了剛才講，喜歡研究《大般若經》，「色空」最重要以外，你還研究什麼經論啊？他說，另外注重是《大涅槃經》。「如何說涅槃之義？」什麼叫涅槃啊？你怎麼解釋啊？鳩摩

羅什用中文解釋：「涅而不生，槃而不滅，不生不滅故曰涅槃。」涅槃兩個字是梵文音拼攏來，用中國字來代表，所以要學華嚴字母的音韻了。所謂涅是講「不生」的意思；槃是「不滅」的意思。總而言之，世界上有一個東西，是生命的本來，是不生不滅的，這個叫作涅槃，就是本性，所以說「涅槃自性」。

嘿嘿！講得多高啊，所以你們學禪宗，將來回山，每個人買一套《指月錄》好好研究。尤其是嵩山少林寺的，連《五燈會元》《指月錄》《景德傳燈錄》都不熟，你談什麼少林啊！那個林字去掉一半，改「少木」好了。

師曰：這個是如來涅槃，哪個是法師涅槃？曰：涅槃之義豈有二耶？某甲祇如此，未審禪師如何說涅槃？

佛陀跋陀羅一聽，說，「你講的這個是如來的涅槃啊！法師，你自己的涅槃是什麼？」就這樣問。你看這些文字記錄，都是當時的對話，都像演電影一樣，但是看了文字，不要被文字騙了。所以寫毛筆字有一句話，你注意哦，要「力透紙背」，這個眼睛要看到紙的後面。你看對話怎麼講呢？鳩摩

羅什聽到跋陀羅問什麼是自己的涅槃，就說：「涅槃之義豈有二耶？」一切眾生跟如來一樣，只有一個涅槃，哪會有兩個啊？

「某甲」他自己叫他自己名字了，我鳩摩羅什認為「祇如此」，就是這個道理，不知道禪師你說涅槃是什麼？稱他是禪師，真參用功的人，走禪宗路線是實際修行，所以稱禪師，不是法師了。

師拈起如意曰：還見麼？曰：見。師曰：見個甚麼？曰：見禪師手中如意。師將如意擲於地曰：見麼？曰：見。師曰：見個甚麼？曰：見禪師手中如意墮地。

跋陀羅一聽，把手裏拿的那個如意一舉，就像我們這個圓珠筆，就把圓珠筆一拿，看到嗎？鳩摩羅什說，看到了。跋陀羅說，你看到什麼啊？他說，我看見禪師手中這個如意啊！禪師就把這個如意一丟，丟在地下了，手就空的囉，他說，你還看見嗎？答，看見了。禪師說你看到了什麼？他說我看到你把這個如意丟在地上去了。

師斥曰：觀公見解，未出常流，何得名喧宇宙。拂衣而去。

跋陀羅禪師就喝斥：「觀公見解，未出常流，何得名喧宇宙？」你看看這句話，演電影一樣。「觀公見解」，很恭敬稱他「公」，就等於現在講，你這位大師，從印度來翻那麼多經典，搞了半天，你的見解見地，「未出常流」，同一般學佛一樣，「何得名喧宇宙」，你的名氣怎麼在中國那麼大？當時那個袖子長，一甩，就走了，「拂衣而去」。就這樣得罪了他，給鳩摩羅什這樣的大師，當面難堪。

實際上跋陀羅也不是看不起鳩摩羅什，只覺得他這個樣子做大師，是在誤人嘛，「誤人子弟，男盜女娼」，那是罪過啊！所以拂衣而去。如果演出電影來，穿以前和尚的衣服，長袖一拂，走了，那個姿勢很好看啊！不像你們現在穿短的，袖子甩不開。然後那個禪師走了，這個鳩摩羅什法師坐在那裏，那得罪得很難看呀！所以讀書要讀到這樣去了解。可是，鳩摩羅什的弟子們受不了啦，因為這個大師的架子統統被跋陀羅拆掉了。

其徒懷疑不已，乃追師扣問：我師說色空涅槃不契，未審禪師如何說色空義？

「其徒懷疑不已」，有些弟子們產生疑惑，就跟到他後面走追問，「乃追師扣問：我師說色空涅槃不契」，我們的師父答覆你的問題不合，不中意，廣東話不中意是不滿意，不契是不相合。「未審禪師如何說色空義？」那我請教一下，禪師啊，你簡單明瞭告訴我們，什麼是色即是空，空即是色呢？

師曰：不道汝師說得不是，汝師衹說得果上色空，不會說得因中色空。

跋陀羅說：哎呀，剛才對不起，我沒有說你老師不對啊！你老師說的也對。他說的是果上的色空！他沒有講因上色空，沒有說究竟啊！並不是說他不對。這就像是昨天我講丁師的話，你說現象就是概念，概念就是個妄念，現象不管就色空了嘛？

其徒曰：如何是因中色空？

這個徒弟就問了：「那請你說一說如何是因中色空呢？」

師曰：一微空故衆微空，衆微空故一微空。一微空中無衆微，衆微

空中無一微。

像這個鈴子，是「眾微」所聚，就是色法。眾微就是很多金銀銅鐵的個體，兜攏來，拿科學來講，每一個因子，這個能量綜合攏來，變成這個鈴子。講徹底的道理，「一微空故眾微空」，鈴子是眾微所成，是許多元素所聚成，每一個元素本身就是空的，所以這個鈴子也是空的。「眾微空故一微空，一微空中無眾微，眾微空中無一微。」他說，這是因上的色空，徹底空。

昨天甲師講到《楞嚴經》七大，「地水火風空見識」，如講「風大」，你們修用呼吸法門的注意，「性風真空」就是因上的空；「性空真風」，這一句話是有相的空了。

「性風真空，性空真風，清淨本然，周徧法界。」這個道理，你們現在人注意哦！佛法固然講唯心方面，本身的自性是不生不滅，物理的自性地水火風空，也是不生不滅。所以「清淨本然」，心物是一體的；「周徧法界」，無所不在，無所在。

那麼心跟物怎麼起作用呢？「隨眾生心，應所知量」，所知道的量，知見的這個量，功能。所以唯識學裏有量論，現在學自然科學，學物理學的有量子力學，這也是「應所知量」。「循業發現」，各人業力大小，配合心物一元，起的作用有大小。「寧有方所」，沒有一個固定的所在。換一句話說，心空、念空、物空，空的境界無所在無所不在。

所有的經典，只有《楞嚴經》把心物一元這個原理講得最透徹；但是還有秘密，所以《楞嚴經》屬於密宗，秘密宗的最高部了。大佛頂密因，有最高的境界。你們都曉得心能轉物這個道理，為什麼兩個腿痛，腿是不是物啊？你為什麼轉不了呢？這就是問題來了。既然說一切唯心造，你怎麼造不出來呢？

昨天聽了丁師、甲師一講，當時也晚了，我說我可以跟你們玩一夜，你們笑笑，也不曉得你們行不行，就了事了。你們散了以後，我心裏想，這些年輕人還不錯嘛！

這個色空，中國佛學叫色空義。關於這個問題，由魏晉南北朝以後，一

直到現在，佛學院都是在那裏亂扯，討論不完。換一句話說，拿現在來講，就是自然科學與哲學、宗教結合的一個大問題。這是修行的見地，所以我們要先解決，同時也說了昨天晚上我的感想。

他們說時間到了，休息一下。不曉得是給我休息，還是給你們休息，現在給大家休息吧。「色空不二」道理一講，有五十分鐘啦！好好，大家起來，喝杯茶，休息一下，玩一玩。

第二堂

內容提要

六妙門的修法

六妙門的問題

知的重要

息有長短　冷暖

奇妙的觀

現在先講六妙門，詳細講就很多，現在簡單講。尤其這次你們回去，要有了修持以後，再來跟我談。你們現在沒有經驗，等於在街上，跟生來就瞎的人說，紐約的什麼電影；那是白講的啦，瞎子從來沒有看過。

如果坐著用數息，普通叫數息觀吧，這個「觀」字先不講，等一下會講。你們每次瞎貓撞上死老鼠，碰上「息」的狀態，念頭很清淨，都是在腸胃將空未空，一切調整得很好的時候。所以要修行的話，一切生活的細節，都要配合要調整好。因此要瞭解佛的戒律部分，吃飯怎麼吃，穿衣怎麼穿，走路怎麼走，釋迦牟尼佛他老人家，每一點都交代得很清楚。大家講戒律的只曉得守戒，為什麼要守戒？就是怕犯過錯，防非止惡，然後到達念頭清淨。

這樣心息專一了，就不要再數息了，因為曉得心息專一了嘛，還數個什麼啊！那時也聽得見，也知道，一切見聞覺知清清楚楚，可是非常寧靜。這個氣息每次來回，都很清楚就不必數了，就「隨息」。怎麼樣「隨」？不是跟著息，你們看到隨字，就跟著氣在跑，對不對？笨死了！隨者，隨便也，

讓這個呼吸來往隨便，可是你都看住它。等於你家裏養一條狗，這條狗進進出出，你都看住的。

這個時候不只看住，而且曉得呼吸進來到哪裏。有時候只到胸口，你就讓它到胸口，不要注意它，不要引導它，不要幫忙它，就是孟子講養氣「勿忘勿助」。不要忘記，不要幫忙，這就是隨了嘛。並不是跟著氣跑，只是看著它，聽其自然。外面的一切你還都知道，並不是不知道哦！如果有點昏沉，也知道自己昏沉；旁邊在亂想，也知道亂想，可是呢，這個呼吸跟念頭還是合一的。這樣的經驗有沒有啊？諸位，有嗎？（答：一下子而已）對了對了，這是老實話，你這樣講老實話，我就好講下去了！有人問你偷過沒有？你說格老子偷過，有什麼了不起啊！錯了再改嘛！

這樣隨息，有時候淺，有時候深，這時不要管身體了，也千萬不要注意，哎呀，我這個氣專一到丹田了、到眉心了，到這裏了。錯！千萬不要管，叫你隨息，就隨時看著它自由自在，可是沒有一步離開這個呼吸，都看到，清楚的。你的身體坐在那裏，靜靜的，你看著看著，這個身體吸啊呼啊

來往，到某一個時候，有個階段，不需要這個呼吸進出了，呼吸停下來，止息了。不是完全沒有哦！這個時候以鼻子為標準，注意鼻子，好像鼻子沒有呼吸往來。其實鼻子沒有呼吸很容易，你們隨時都會，可是你們不認得。這時候的呼吸，偶然很久來一下，輕微有一點點感受，知道有一下。這個差不多要「止息」了，要停止了。換一句話，等於電池在充電，充電充到某一個時候，電充夠了，這個是「止息」。

如果以修「安那般那」講，到止息以後，如果吃飯時間到了，你聽到打鐘都不想起來，一直坐下去，進一步變化就大了。可惜，到這個時候你心動了。所以我常常問你們，打坐為什麼坐得很好，到時間會起來？你起來的時候，是心動還是身體動啊？那個幼兒頭子己師！你坐到差不多時，是心想起來，還是身體叫你起來？（己師：心想起來）還是心的問題了，如果這個時候一直止下去，就不同了。所以大家不曉得修行，到了這一步，是自己的分別心，習慣性的就想起來，這個習慣性是念頭的習氣，愛動的習氣。

這個裏頭就要曉得小乘的學理，所以小乘《大毗婆沙論》《俱舍論》就

告訴你，修小乘法門有八智八忍，這個時候要忍住。「忍」是很重要的，忍不是定。有「八智八忍」，這個教理的名辭懂不懂啊？「苦集滅道」，就是坐著也不舒服，蠻苦的。第一步，知道是苦，這個叫「法智忍」。就是佛法上的智慧懂得了，或者看佛經，或聽師父講過，至少聽這個南老頭講過的。這個是法智忍，忍住一下，再延續下去。

「法智忍」過了以後叫什麼？沒有「法」字了，而是「智忍」。修行還是靠智慧的瞭解。所以有「八智八忍」（苦法忍，苦法智。苦類忍，苦類智。集法忍，集法智。集類忍，集類智。滅法忍，滅法智。滅類忍，滅類智。道法忍，道法智。道類忍，道類智）才跳出苦海。這個不是「定」，「定」跟「忍」有差別哦，第一步還是要忍，由忍到「止」。

現在六妙門講到止，問題來了，我再回轉來講，就是說「法智忍」，這個時候要智慧觀察了。如果任何一個人做到數息、隨息、止息這三步，已經了不起了，一般都是拚命在那裏數啊數啊，千萬不要走冤枉路，現在懂了嗎？都懂啦？可是你注意哦，我剛才講，從數息，到隨息，到止息這個境

界，這個時候心跟息兩個在一起嗎？只有兩個在一起嗎？還有其他的嗎？（僧甲：妄念）呃，還有個妄念，第三個了。只有三個嗎？你呼吸來去每一個都知道了，不是也跟這個在一起嗎？

還有什麼，你講啊！你多的都拿出來啊！（答：還有習氣）習氣你不管，有沒有來，那個是你想像的嘛，對不對？當然有習氣了。現在問的都是很實在的，你如果到這個程度，你有經驗嘛，心念也專一了，知道它來去了，對不對？

不過你說，雖然知道念頭跟氣兩配合為一，可是旁邊呢？還有妄想嘛，對不對？這個妄想等於說，一個蠟燭點起來，固然有火光，旁邊還冒煙嘛，冒煙那個叫妄想，你就不管那個冒煙的妄想，只管這個火光，心跟氣兩個合一，是不是？是嗎？還有別的嗎？你說還有個習氣，這個是加上的，有沒有習氣在那裏，你不知道。

僧甲：就是那個觀照的，跟火光一樣……

南師：啊，剛才講過了嘛，那個就是妄想嘛！你聽懂了沒有？

僧甲：知道妄想的那個沒有妄想。

南師：這句話對了！還有個東西。我們呼吸進來出去，現在因為用數息的法門，到達隨息、止息，雖然心跟息兩個專一，那個妄想來，我也不管，知道妄想，還有個最大的東西在旁邊，那個是知道的那個知性。

我們打起坐來用功，到達這個境界，息也止了，也知道妄念同我們不相干，不理它了；念頭也不理，呼吸也寧靜了；這個時候全體境界在哪裏？在「知」這個知性，這一知，不在外，不在內，不在中間。

你懂了沒有？這個知性是本來自性的知性，本來自性是第一步功能，見聞覺知，這個知性不在外，不在內，不在中間，這個不是妄想，它知道妄想，知道這個氣息，也知道這個妄念，這個如如不動在這裏，這是自性。這樣懂不懂？都明白了嗎？那恭喜！明白了。

所以我講天臺宗智者大師的六妙門，他交代不清楚，誤了後世多少修行人。我對於聖人的要求，與對凡人一樣的嚴格。現在不管六妙門，回轉來看佛經，所以小乘的佛經，佛教弟子修安那般那，你們看過沒有，他怎麼說？

你聲音大一點，起來行不行？（僧甲：我聲音很小，氣不足）噢，那沒辦法，你不是氣不足，是前生造的業，前生女孩子沒有做夠，你知道嗎？（僧甲：業障很重）對啊！你還跟我來，還再來做和尚，不錯。當年我在山上就知道了，現在不談了。

剛才我講到止。所以你看四阿含經，尤其看《增一阿含經》，佛告訴迦葉尊者、阿難，以及他的兒子羅睺羅，修安那般那，「息長知長，息短知短，息冷知冷，息煖知煖」。重點在這一「知」，不在那個數息。這下懂了沒有？壬師懂了吧？

僧壬：那能知所知？

南師：你也不要管它能知所知嘛！反正我那個時候知道這個知嘛！又加上那些幹嘛！把所有的佛學都送到當舖去，當掉！不要管了。就是這一「知」在這裏，對不對？把握這一「知」，你就清爽了。

但是，今天憑你們過去修的一點點經驗來討論，隨便你們哪一位講，你們知道「息長」，知道氣到哪裏最深長，講啊？（答：呼吸來往向下走到

小腹）那是你幻想出來吧？還是真的？（答：感覺是這樣）是感覺，不對。真的「息長」，就是莊子說的一句話「眾人之息以喉」，是真的哦！普通人到肺部為止；「真人之息以踵」，到腳底心。就是自己曉得那個境界，氣進來，不是到丹田、肚子，是由小腹這裏，一直通過兩腿到達腳底心，這才是知道「息長」。那麼，你說這個是進來那個「息」嗎？不一定，就是有這個功能，看到了。所以，你們屁股上的環跳穴到兩條大腿，到腳底心，氣都沒有到，如果你說是息長，那不就是妄想境界嗎？

「息短知短」，到達這個境界，是「止」的境界，這個息，有時候長，每一個呼吸來，都是從腳底心出發到上面的。「息短知短」這個時候的「短」，不是說這股氣長會變短，不是的。有時候這個氣一直到腳底心，有時候呼氣，自己曉得那個呼吸很短，一下就不需要再呼了。或者在這個境界上，有時候覺得吸氣很短，進來好像一下就過了，不需要了，這裏面氣都自已在流通了，在來往，沒有身體感覺，這就是「息長知長，息短知短」。

什麼是「息冷知冷」呢？有時候，你身體裏有外感的，有地水火風四

大不調，雖然呼吸這個境界很好，可是你覺得一身發冷，不過，一點都不要怕。有些凡夫修到這裏，你講給他聽，他也不相信，自覺有病了，趕快披衣服啊，趕快去看病啊，那就讓他去吧！其實這個時候就是「八智八忍」這個「忍」字，「盯」住，「忍」住。知道息冷，哎喲，全身發冷。有時候到這個境界，不但全身發冷，全身都僵硬了，手想動一下都動不了。不要怕，一點都不要怕，「息長知長，息冷知冷」，一念忍住，這個時候妄念完全沒有了，被這個冷的感覺拉走了，你就定在這個冷的感覺上。換一句話，十念法門裏頭注意什麼，你（僧丁）說！「念死。」反正要死，就這樣死了吧！這一忍就過了。過了以後，「息冷知冷，息煖知煖」，一下子全身整個暖起來，所以密宗講拙火發動，但也不要執著。

換一句話說，身體內部有病，佛教你修「安那般那」，治病的方法只有一個字「止」，止息治萬病。就是一念的止息，呼吸停止了，就看住那個痛苦的部位。反正要修行的人，一個觀念首先告訴你，十念法最後一個「念死」，這一下就死，喔！原來這樣痛苦啊！啊，原來是這樣就死啦！嘿喲，

死就死吧！格老子，看你痛死到什麼程度！所以八智八忍不是佛學的一個名辭，是工夫啊！法智忍，忍住就過去了。譬如我們練武功，有時候練這個手，假使千萬斤壓力下來，一定斷的，我準備斷！你忘了它，反而沒事。心念跟氣配合了，這一下，念頭一動，千萬斤東西都挑了。

所以能修到止息，身體內部的變化就很大了，非常非常大，將來你們去體會。尤其這個時候，如果你飲食多了，據丁師前天報告，你們聽到的，除非他說假話，他說打起坐來，看到五臟，對不對？後面那個丙師他做白骨觀，覺得白骨發光，對不對？他們說的都不是假話。這種境界，如果到止息，隨時都現成的，你們能這樣來見我，那我就恭喜你了。我會說，你快了你快了，你們將來上去要帶我一把啊！

這個時候，全身上的氣血流通，一切都知道了。如果胃中有多的飲食沒有消化，覺得這一坨非常討厭，還要等它自然消化完了，把它排走再說。所以，真講少林武功，達摩武功，到這個階段一出手，嘩！就那麼輕輕一動，千萬斤力量，不是「嘿，嘎」，那要什麼花樣！它是自然的，任何一動都有

排山之力，這樣聽懂了吧！好！到這裏，這個裏頭變化很多了，慢慢再補充告訴你們。

剛才講六妙門的「止」，還沒有講到「觀」呢！修「安那般那」到這個階段，剛才乙師所講的，旁邊還有個妄念，這個妄念跟著你的氣息，自然就會止了。跟著你這個氣息下去，降伏了妄念，等於這個蠟燭亮光起來，冒的煙沒有了。到這個境界，就要有個環境專修下去了。你們年輕修下去很快，算不定七天半個月，就證到一個果位。沒有別的果嘛，你們中原蘋果很多，拿個蘋果也當果吧！對不對？（眾笑）

我問你，什麼是「觀」？現在我講了半天，這種形容把經驗告訴你，聽懂了沒有？聽懂了這個就叫作觀，已經看到了嘛！觀就是看到，對不對？這下明白了沒有？所以，「即止即觀，即觀即止」，還另外有個什麼觀啊！

可是修密宗的不同，密宗修到這一步境界，之所以變成密宗，因為它在這個裏頭起「觀想」了；在呼吸每次進來出去時，有意識的加上七彩光明觀想在修，這個叫密宗修法。就是丙師講的，白骨放光，第六意識故意加一個

觀想。看到這些觀想方法，我就笑了，這些對不對？也對，不要輕易批評它不對，這些我都修過的，都會，在我看來「諸法皆如」，都對。何以對啊？講教理給你們聽，是觀想的理論，「諸法無常，皆因假立，立假即真」。謊話說多了，說萬遍也變成真話了，立假即真。你真修到止，這個時候，你用觀想的方法觀成七彩光明在身中，或者你有病的時候，修到止的時候，如果觀虛空中的太陽光，或頭頂上一個月輪、日輪，這個光照到你裏面的五臟六腑，什麼都照空了，一樣可以治病哦！比癌症病人進醫院那個化療的功能還要強。

我有個學生，四十年前在臺灣基隆，他就聽了我的話，用這個方法。他碰到冷天衣服不夠，人在外面，沒有辦法回家拿，他就觀想自己坐在六月天的大太陽下面曬，一開始冷得牙齒打哆嗦，後來給他一觀成功了，嗨，一身大汗，穿一個短袖就過來了。我說：「你怎麼那麼有本事啊？」「老師，你教我觀的，我這個時候在日輪觀中啊！」這是給你們講「觀」字的要妙。

這是講六妙門，是天臺宗智者大師從《達摩禪經》《修行道地經》抽

出來的，他沒有講到要點！這個觀懂了沒有？就那麼輕鬆，那麼現成，不要另外有觀。你說：「哎，已經知道了！」這「知即是觀，觀即是知」，懂了吧？

到這個時候，雜念妄想沒有了，心念呼吸寂止了，內外變化一切清楚，回到本來清淨的地方，心境是非常乾淨。「還、淨」，這是從修氣息來講的，可是智者大師把「觀」同「還、淨」講到大乘的空、有，講到「心」方面去了，這就是我為什麼批評智者大師的原因。但是回轉來，我也很恭維他，他老人家太慈悲了，他修到「觀」的時候，拚命向大乘裏引，他為什麼不照我這樣引法呢？因為你光修「止」，容易發五神通，就妨礙了明心見性菩提大道，所以他老人家很慈悲，修到「止」這一方面，他就不多談，不像我這樣給你們講，他就引到般若中觀去了，他是這個道理。這樣懂了吧？這個秘密懂了吧？所以諸佛菩薩，他有他的慈悲心，有他的秘密用法，也不能怪，我一方面批評他，一方面恭敬他，這樣懂了吧？你如果修安那般那，修到「止觀」這一步，已經很恭喜你了。

如果修行到這一步，要注意飲食調整。飲食欲望的痛苦，這個習氣之難除，比男女關係還要難，所以孔子也說：「飲食男女，人之大欲存焉。」其實，「男女」固然嚴重，還不及「飲食」的嚴重，因為男女大家還有個道德範圍，有點害怕，就是現在那個電腦上黃色網站，有賊膽有賊心，沒有賊（指功能）還做不了。可是飲食很方便啊，看到茶看到水，隨便拿來喝一口，又不犯法，有時候這麼一口水就妨礙了你，有時候不加這口水就不行。所以修行是非常細密非常精密，要一步一步的來。先休息一下再說。

第三堂

內容提要

十六特勝

如何修呼吸

最快捷的法門

修行修禪定，想即生證果，先要轉變「心法、色法」。剛才我大概講了所謂小乘修「有」的方法，先把色法、色身轉變。色法何以要轉變？《楞嚴經》最後，佛有幾句重要的話：「生因識有，滅從色除。理則頓悟，乘悟併銷。事非頓除，因次第盡。」「生因識有」是說我們的生命，是由第八阿賴耶識先來投胎的；「滅從色除」，想了生死，先把色法四大了了。「理則頓悟」，禪宗講頓悟，道理可以頓悟，工夫是一步一步有次序的，「乘悟併銷」，你悟到了，就空了。「事非頓除」，可是生命業報，不是你悟到了空就空得了，還是要修的；「因次第盡」，就是悟後起修，一步一步工夫修來的。我們大家都是佛弟子，千萬記住他老人家的話，不要狂妄，記住哦！背來沒有？（眾念：生因識有，滅從色除。理則頓悟，乘悟併銷。事非頓除，因次第盡）

對了，修行千萬把握，記住！剛才我們講「六妙門」，你們真下決心，修安那般那，這是一條最快成就的捷徑。但是，很難的，你忍不住的。你看我們這裏出家的老前輩也好，嫩前輩也好，真的，很多人有聰明有智慧，為

什麼出家修道，永遠不上路？就因為他忍不住。

所以我在書上經常講，我有十二個字的咒語：「看得破，忍不過；想得到，做不來。」不管是出家在家，人生都犯了我這十二個字的戒律。道理上看得破，但是忍不過。這一忍好難哪！想得到，理論上懂，做不來。不管佛學道理講得怎麼好，都沒有用，所以重點在修行。剛才大概講了六妙門，以後有機緣，我們再詳細討論。

真正修安那般那，重點你們千萬注意，「十六特勝」都要背得來，十六個專案叫特勝，特別特別最容易成功的路線。（一）「知息入」，（二）「知息出」，（三）「知息長短」，（四）「知息偏身」。這個你們都沒有達到，想都不能想，真的到了「知息偏身」，你那個武功不練就到了；除非不出手，一出手都是高手。（五）「除諸身行」。身體空了，身上五陰的行陰空靈了，這個裏頭秘密很多，到了除諸身行的時候，如果你練武功，可以練到踏雪無痕，走路不在地面，而在地上飄了。（六）「受喜」，得初禪，初禪是離生喜樂。（七）「受樂」，身上內部每個細胞發出快樂的感受，那

是無比的舒服，不能形容的。所以得到初禪是「心一境性，離生喜樂」，有和世間脫離之感，無比的喜樂。

（八）「受諸心行」，轉回來，又感覺不同了，這個很深了；心裏一起心動念，這個身體四大已經整個變了。再下來，這個時候，（九）「心作喜」，由初禪真到了二禪「定生喜樂」。（十）「心作攝」，一切雜念妄想沒有了，要用就有，不用完全空；攝是統統把握了。（十一）「心作解脫」，修行到這裏，才不冤枉出家，得解脫道了。解脫就是證道，不證到初果、二果、三果、四果羅漢，也至少證到初果羅漢的「預流向」。到了心作解脫，是修安那般那來的，這是一部分，完全和色法地水火風四大之身有關。

下面完全是心法了。（十二）「觀無常」，工夫修到有神通，飛得起來，又有什麼了不起呢！觀無常，諸法皆非究竟，可是你沒有做到不要隨便吹。（十三）「觀出散」，所以做到了，轉觀這個心的法門，你可以像密宗那些有成就的活佛一樣，將來要走的時候，一彈指之間，整個身體三昧真火起來化成光明，什麼都沒有留，化一片光走了。所以，我們平常做工夫，你

要注意這個，大家都在身體上做工夫，都忘記了「觀出散」，都要把所有工夫、身體都丟開，放出去，連放的都要丟掉。

（十四）「觀離欲」，這個時候，才做到真正的「離欲尊」；這個離欲，《金剛經》上佛叫須菩提離欲阿羅漢，真的離欲了。然後，證滅盡定。（十五）「觀滅盡」，要走就走，我們也可以做到鄧隱峰祖師一樣吧！

在這個時候到「滅盡定」，所謂涅槃境界，還不算數。（十六）「觀棄捨」，還要丟掉放開，轉到大乘去了。修習這十六特勝要注意，不要被六妙門困住，六妙門是初步，不算什麼，重點在十六特勝。這樣都聽懂了吧？都抄了沒有？記得哦，能記得我才給你講，記不得不講。現在就要背來，全體背來，才給你講；全體不背來，不給你講。古道師帶領，大聲的背（眾背十六特勝）。再來一次。（眾再背）

剛才講了六妙門，真修安那般那，我想乙師啊，你們師徒回到武夷，好好修，也許明年來看我就不同了，也許不需要買飛機票，一步就跨過來。嘿嘿！

所以修安那般那，剛才我們討論過的重點，就是這一「知」，你們都知道嘛！這個知性不在氣息，也不在地水火風，也不在空，無所在無所不在。所以，禪宗祖師一句話：「知之一字，眾妙之門。」這一「知」哪裏來？來無所從來，去無所從去，《金剛經》上佛也告訴你，「無所從來，亦無所去，是名如來」。這個「知」不要你去找的，本來存在。我們大家平常在用它吧！當然在用，這個不要再追問你們了，再問太看不起人了，你們當然知道。我們茶來知道喝茶，飯來知道吃飯，累了知道累，睡覺知道睡覺，舒服不舒服都知道。這一「知」本來在這裏，不要你去修的，如果我們變牛變馬變狗，也知道變牛變馬變狗了。只不過，不知道自性來源在哪裏。

如果問這一「知」從何處來，談大乘般若時再講，現在不談了。現在你們做工夫，先不要問這一「知」從哪裏來，要先認識「知性」。你們都在修行，打坐閉關，但是為什麼都沒有進步？理上不清，理都沒有搞清楚；一方面沒有真下工夫，忍不住。所以古人講修道，「欲求生富貴，須下死工夫」，要忍得住。我們看到多少青年學佛修道人，都是一點都忍不住的，剛

坐一下，外境有一點挑逗，他馬上動了，跟到外緣跑了，自己還認為有理由。所以，看到無可奈何啊！等於看到一隻小貓一樣，它要去死，讓它去吧。所以大乘的六度：布施、持戒、忍辱，這個「忍」字難啊！「忍辱」之後再談精進、禪定、般若。（宏忍師把白板上寫的十六特勝擦掉，改寫六度）

哎，這個你寫什麼！這個他們都知道的，這個多寫了。布施、持戒、忍辱、精進、禪定、般若，他們不知道嗎？再寫是多事，多浪費。他們不知道就活該，我們那個白板也寫得很辛苦。你看，你把十六特勝都擦掉了。（宏忍師說：他們都會背）都會背了？有那麼快？（答：都記了）對啊，紙上有，你腦子心裏沒有，你要進到心裏。

第一句是什麼？（眾答：知息入）對。譬如由六妙門開始，你們坐在這裏一邊聽，一邊知道自己呼吸進出，能夠做到嗎？老實講，做不到，絕對做不到。假定有一位坐在這裏，一邊聽話，一邊還寫字，自己的呼吸在鼻子和全身，進進出出完全知道，這個人差不多可以談修行了，這叫「知息入」。

我這樣一講，你們自己測驗一下嘛！一邊聽一邊做事，心念跟呼吸配合，在鼻孔這裏開始。等於說眼觀鼻，鼻觀心；這個觀不是眼睛去看的觀，是心來觀。如果是這樣修行，很快有進步的。

「知息入，知息出」，你們現在聽到呼吸沒有？聽到沒有？聽不見，你們哪裏聽得見！只靠一點感覺嘛！就是說，隨時要跟這個感覺的出入息配合為一，這樣才叫作修行，修止觀。如果打起坐來，再勉強找個呼吸來配合，那算個什麼修行，算老幾啊！就像我現在跟你講話，我知道自己呼吸的「進、出」，你要學我一樣，腳還在跳手還在動，知息入，知息出，知道氣息進進出出，沒有一點不知道。但不能用力，勿助勿忘，也不能不注意。

然後第三步知息長短就難了。知道自己的息往來長短，第一步，是在鼻孔裏知道哦！你如果工夫進一步，自己渾身的每個毛孔、細胞，都在呼吸，你自然都會知道。所以，你看過武俠小說，武功高的人，有時候被人用石灰蒙上頭，蒙了以後，結果死不了，他的肛門在下面呼吸。這不是做不到的，渾身十萬八千個毛孔都在呼吸。研究《達摩禪經》就知道，這一段知息長

短，講得很細了。有時候長中之長，有時候短中之短，有時候短中之長，有時候長中之短，為什麼祖師們把他們的經驗，告訴我們那麼清楚？雖然他交代清楚，也要你自己用過功才知道，不用功的話，也覺得交代不清楚。

我可以告訴你，有時候是「長中之長」，覺得出息也長，入息也長，在某一種時候感覺到出息很長，出去了，同空的境界配合，沒有回來。回來以後，覺得氣回來一下很短，已經夠了，所以是「長中之短」。有時候是「短中之長」，身體內部，覺得呼吸需要吸進來，自然的作用，吸一下，它繼續在吸，一直到腳底心，一直到腳趾頭都充滿了，這是短中之長。還有「短中之短，長中之長」，每一樣都不同，這是跟你講理論，你要去體會把工夫做到，不是開玩笑的，不是吹牛的。

知息長短，我只講了幾個，這個裏頭包括很多內容，詳細你們去看《達摩禪經》。這是吩咐你們注意，要自己用功去體會，不是講空洞的理論，千萬不要妄語騙人，騙人要下地獄的，那是千生萬劫地獄果報啊！

然後「知息偏身」，你到知息長短以後，就「知息偏身」了，全身都

在呼吸。你們修持到達這個定境的時候，鼻子的呼吸已經不管了，不再呼吸了，鼻子沒有作用，這時才曉得全身每個細胞、每個地方都在呼吸，氣都充滿，氣脈都通了。到這個時候，還沒有「除諸身行」。

甚至像丁師和丙師，他們兩位前天的報告，就曉得內部五臟六腑，也在呼吸，那個白骨放光，每塊白骨都在呼吸。所謂呼吸是生滅法，有來有往，無所從來，亦無所去，自然在動。

知息偏身，氣充滿偏身了，乃至曉得全身在呼吸，非常非常重要。並不是發脹，也不是說，像有些練武功、氣功的那樣發胖。想要發胖的話，那你還不如到街上的腳踏車店，拿個充氣筒套在這裏，嘩啦嗒幾下，馬上發脹，發胖了！

到了知息偏身，這個時候已經不談什麼數息、隨息了。也不要數，也不要隨，隨時息跟念兩個配合為一的，隨時知性清楚的，這樣才叫作修行。不管修密宗，或什麼法門，不到這個禪定，不要談修行了。

再進一步是什麼？（答：除諸身行）「除諸身行」，這個時候身上行陰

作用不動，充滿了，身體跟虛空等於合一，這個身體內外是通的。譬如你們練少林武功，童子功，到這時候，兩個睪丸縮上去，自然的縮到肚子裏。這個時候縮也好，不縮也好，談都不要談。

第六是「受喜」，到這個時候，心裏感覺，非常的高興，至少你知道佛法是不騙人的，是真的。第七「受樂」，全身喜樂，喜樂是禪定境界，所以初禪叫「心一境性，離生喜樂」。慢慢有一點跟現實脫離關係，人世間一切的事，不會煩惱到你，可以入世不煩惱。不過，為什麼不翻成「喜受、樂受」，而翻成受喜、受樂呢？「受喜、受樂」是自己發動了，到達這個境界，就接受了。

第八「受諸心行」，剛剛說了「除諸身行」，沒有身體的行陰感受了，這裏又「受諸心行」，那不是矛盾嗎？不矛盾的，這是進一步了。受諸心行，這個肉體的心，看到外形還是父母所生的肉體，實際上，身體內部整個四大氣質變化，已經不是普通肉體了，這個身上行陰的感受，也統統不同了。這時生活習慣達到了「精滿不思淫，氣滿不思食，神滿不思睡」，財色

名食睡五蓋，都會自然去掉，吃不吃都沒有關係，有水喝就可以了。「受諸心行」，在這裏頭，差不多可以證入初禪到二禪去。

然後，「心作喜，心作攝，心作解脫」，解脫但還沒有證果哦！還沒有證得初果、二果羅漢境界哦。那個要配合教理，就要參考《俱舍論》，「貪瞋癡慢」的習氣改變了多少，自己都清清楚楚，都會明白。如果到這一步，習氣動都沒有動，還是同以前一樣，那就不是修行。

一直到這裏，還是屬於色法上的工夫，在地水火風的色陰，和受陰境界裏頭做工夫。可是你要注意一點，在這個用功過程，今天晚上我們講得很順利，聽起來很容易，事實上修行有很多的魔（磨）境界，就要參考《楞嚴經》的五陰解脫。算不定你修行很好，在這個時候忽然有神通了，什麼都知道了，忽然有特別本事了；實際上你已在五陰魔境界了，這一點要特別注意。譬如昨天李居士告訴我，有個出家人有很多神通，我說又是落在想陰境界裏了，叫她答覆他。

修行特別注意，在這個五陰境界，歸納起來有五十種陰魔，受陰有受陰

的境界，有時候會被境界拉走，自己也不知道，還以為是發了神通。所以千萬不要作聖解，修行第一要注意，時時把握《金剛經》上幾句話：「凡所有相，皆是虛妄，若見諸相非相，即見如來。」有神通又怎麼樣？一概不理。就怕不得道，不悟道，不怕沒有神通！容易得很啊。等於我告訴出家同學們，就怕你不成佛，不怕沒有眾生度啊！千萬記住。

所以到心作解脫以後，轉了，後面完全是唯心的「知性」道理，就是想陰和行陰解脫了，心意識解脫了，然後就「觀無常」，你工夫能做到就了不起了。是不是無常啊？你不修行，不做工夫，工夫就垮掉了；所以說諸行無常嘛！

「觀出散」，這個是秘密了，修安那般那，如果常修觀出散的話，修到某個階段，你走的時候，不要說預知時至，甚至打個坐寫個偈子，說聲再見，自己就化成光沒有了。

這個以後，「觀離欲」，才算是真正跳出了欲界，才證得小乘的「有餘依涅槃」，證得「滅盡定」，還不是證得「無餘依涅槃」。所謂滅盡是滅什

麼呢？思想知覺、感覺，統統空完了，這叫滅盡定。「想受皆滅」，有意的把它關閉起來，這個時候生死可以請假。「啊呀，這個世界不好玩，我準備過個一千年以後再來，入定去吧！」這是可以做到的。

你看譯《達摩禪經》的佛陀跋陀羅禪師，他有位徒弟，就是廬山慧遠法師的弟弟——慧持法師，曾跟他修禪定，最後他到峨嵋山去朝山，山上下來，到了樂山嘉定休息一下，在一個樹洞裏，一坐坐了七百年。到了宋朝，樹倒了被大家請出定來，問他是誰，他說是廬山慧遠法師的弟弟。哎！那是晉朝人，我們現在是宋朝，已經過了七百年。他就可以這樣，一定定了七百年，他就是修安般法門的。這是歷史上有名的故事，後來宋徽宗給他做了三首詩，前一陣我經常跟他們講，很好啊！很有意思的。

一、七百年前老古錐　定中消息許誰知
　　爭如隻履西歸去　生死徒勞木作皮
二、藏山於澤亦藏身　天下無藏道可親

寄語莊周休擬議　樹中不是負趨人
三、有情身不是無情　彼此人人定裏身
會得菩提本無樹　不須辛苦問盧能

所以，這樣叫作修定真得了定境，但他那個不是滅盡定，不知他當時在樹裏頭，究竟入的什麼定？到哪一步境界？真值得研究。修行是真做工夫，依身心來用功。像禪宗這種口頭禪，「什麼是佛？乾屎橛。」這與身心修證，統統不相干。

十六特勝，最後就是「觀棄捨」，連有餘依涅槃都不進入。所以《楞伽經》諸大菩薩讚佛，「無有涅槃佛，無有佛涅槃」，佛不入涅槃，也沒有涅槃可入，自性現在就在涅槃中。這是大乘另外境界了。

換句話說，「觀棄捨」修到這一步，由小乘轉到大乘，真正是大菩薩的境界了。

第四堂

內容提要

念頭空　空念頭

三際托空

鄉村大手印

第三踢的方法

大家要我休息，又不肯讓我休息。正在休息，我們孫教授又來整我一下，問我問題，我曉得他問得好，我剛才跟他說，空了再告訴你，他笑笑就走了；可是他走了我又感謝他，好在他提醒我注意，我正要吩咐你們。

你們昨天聽了那個採日月精華，看太陽月亮，聽了不要去亂學啊！尤其跑到高山上，你不曉得怎麼用眼睛看，搞壞了不要怪我哦！我可沒有講哦，那個要學過才行的。採日月精華，會那麼簡單可以亂看的嗎！

要採日月的精華，眼睛瞪大如如不動，定在那裏，可以五六個鐘頭眨都不眨，把宇宙萬有的光收回來。所以我昨天一看，己師打拳，那個眼神瞪得很大，神收不了，神凝不攏來。這都要練過的哦，不是亂搞。先告訴你這一步，將來如何看，再說。孫教授聽到這些喜歡得很，他什麼都要，唯恐不多啊。

這一些都過去了，把這些都放下，我們沒有時間，只有今天晚上，明天一下就過了啊。

你們修行兩個路線——漸修和頓悟，而漸修可以頓悟的。禪宗直指人

心，見性成佛，我問你們，用的什麼方法？佛告訴你沒有方法，對不對？達摩祖師叫你們以「楞伽印心」。《楞伽經》說以無門為法門，沒有方法的；沒有方法就是方法。這部經你們看了沒有？

我這些是專對你們三山（嵩山、武夷、峨嵋）下來的大師們講的。你們注意啊！現在大家不要用筆記囉，都給我放下，用你的心眼，用你的耳朵。你們諸位現在打坐修行，就拿小的法門來講，你們是不是說念頭空不了？辛老和尚，是不是啊？呃，好可愛的老和尚。說念頭空不了，你們念頭要怎麼空啊？說啊，各說各的。

古道師：念念相續。

南師：念念相續，對了。這個念頭是念念相續，空不了的，對不對？古道師那個話你們諸位同意嗎？（答：同意）我們校長夫人講，念念相續，無有窮盡，念頭斷不了是吧？

教授：念佛、念咒子要念念相續，無有窮盡。

南師：那是另一個法門，念咒子是這樣。我現在問的不是這個啊！

僧丁：空不自空。

南師：空不自空，誰說的？

僧丁：念頭本來就是空的。

南師：我問你誰說的？經典上說的嗎？

僧丁：我也體會到這個。

南師：你也體會到經典上說的，「空不自空」？唏！

僧丁：念頭本身就是空的嘛！

南師：念頭怎麼空？現在是講實際工夫，你下座站起來。

僧丁：因為剛開始用功的時候，念頭老著在這個「色」上面，覺得這個念頭是實在的，反觀以後，覺得念頭本身是空的，只是一個——「動」。

南師：你現在沒有反觀吧？

僧丁：沒有。

南師：你的念頭在哪裏？不要你去反觀啊，現在就沒有啊！要你反觀個啥啊！它空你的！本來無一物，何處惹塵埃啊！你去空它個啥啊！《金剛

經》明明告訴你，「過去心不可得，現在心不可得，未來心不可得」，你現在講完了就沒有了，講完了就空掉了，還得個什麼？還有個什麼空不了在哪裏嗎？再來，再來，再來也是空的啊，是不是這樣？

僧丁：對。

南師：不要去找第二個，嘿嘿，學彌勒哈哈一笑，笑也空，你不是講「色空不二」嗎？是不是？

僧丁：對。

南師：不要對不對，我問你現在在哪兒？（停了一下）你怎麼不告訴我「空」？哪裏有個空的相？會念《心經》「舍利子，是諸法空相」，本來空。也沒有說不要動，也沒有說動；動也空，不動也空。有個咒子給你念，一句話，「管他媽的！」明白啦？（僧丁默然）呵呵，恭喜！

你們都念過《金剛經》，也知道「應無所住而生其心」，六祖因此悟的。這一句經典不究竟，你們知道嗎？鳩摩羅什法師翻譯的，「應無所住而生其心」，他翻譯得老實。這句話是這麼來的，《金剛經》開始，我們演電

影啊，須菩提來問佛，善男子，善女人，發心求證菩提，「云何應住？云何降伏其心？」他問要進入般若菩提境界，做什麼工夫，安住在什麼境界？怎麼降伏這些妄想心？佛說「應如是住，如是降伏其心。」應如是，就是這樣已經安住了；就是這樣已經降伏了。佛的答覆，看起來等於沒有答覆一樣。

當你問的時候，那個念頭早空了。後來佛講一句方便，「應無所住而生其心」，每一個念頭都不停留的，自然不停留。行雲流水，前念已滅，後念不生，當體即空。不要你去用心，你去用心求空，已經被一個妄念遮住了，自性本來空。換一句話，我說「應無所住而生其心」，這個「應」字是方法論；如果以本體論來講，「本無所住而生其心」，此心本來無所住，儘管起用，用也空。

因此，後來佛再三講到，所謂過去心不可得，現在心不可得，未來心不可得，已經講完了嘛！你也會念，曉得過去心不可得，現在心不可得，未來心不可得。偏要求個得，偏要求個住。它過去現在未來，哪裏妨礙你了？自性本空嘛。

所以，牛頭融禪師一個偈子，告訴你用功最親切的，記得嗎？「恰恰用心時」，就是剛剛用心時，你念頭一動的時候；「恰恰無心用」，用過了已經沒有了；「無心恰恰用」，它本來空的，所以起用；「常用恰恰無」，沒有一個停留的。

過去未來現在心不可得。哎，不要記錄啊！這個時候記個什麼啊！你還有所記錄，有所住啊！趕快放，不要你放，當下就是。有沒有體會到？好像丁師有。我不問丁師了，現在一棒已經把他趕出去了。這是賞棒罰棒，他心裏知道，不管了。你們諸位做到了嗎？就那麼簡單，「本來無一物，何處惹塵埃」，辛師做到了沒有？（答：沒有）老實話。

辛師啊，來，你看著我，你再講一聲「沒有」，那個有沒有？有沒有？再講「沒有」，你一路沒有下去，你看那個有沒有？有沒有？不要低頭。有沒有？禪宗祖師一句話，「一箭過西天」。又跑掉了，又跑掉了一個，不對。所以禪門心法，後來五祖和六祖提倡用《金剛經》印心，就那麼簡單。

這個辦孤兒院的己師有沒有？聽到這個理論，自己心境是怎麼樣？啊，

沒有，過去了。

禪門心法，用不著你「外息諸緣，內心無喘」，你一切都不管，不管也不管。有一個不管的，有個空，已經不是了。它本空的。所謂空，不是你去造一個境界的空，自性本來空，念念不停留。

你們念過《普賢行願品》沒有？讀過沒有？有兩句話：「猶如蓮花不著水，亦如日月不住空」，你看太陽月亮一天在空中轉來轉去，它沒有停留過，本來空，非常活潑的。念念猶如日月不住空，住在那裏幹什麼！所以大乘的三解脫門「空、無相、無願」。

誰懂了這個了？到了這個境界的，誰敢承認？你承認嗎？我想你承認了。你不承認我幫你承認。

好！這是第一步。第一義，其實已經不是第一義，過去了。再來，第二義。告訴你們走捷路啊，年輕的注意啊，不要在那裏再這樣玩囉！是為你自己不是為我，老頭子陪你玩了幾天不容易的。

注意啊！第二義，你當下就走「三際托空」的法門，三際托空，就是

《金剛經》上講，過去心不可得，現在心不可得，未來心不可得。就是這三際，過去、現在、未來。

諸位，你們跟著我做一下，現在你就學我吧！學傻瓜吧！你注意啊！諸位來，提起精神叫一聲，呸！（眾：呸！）不是「屁」，不是放屁的屁。是呸！呸！呸！（眾學：呸！）你這一念過後，還有沒有？

然後，你感覺到有，是後念，後念不怕，它馬上跑掉了，所謂過去不可得，就是現在不可得，過去的已經過去，「呸」一下，已經過去了。未來念頭還沒有起來，就不要管了。一來念頭就是現在，現在不可得嘛，呸！沒有啦！是不是這樣？你隨時注意，起心動念，念念在三際不可得，這樣用功下去，這就是話頭！什麼是話頭？《金剛經》告訴你，過去心不可得，現在心不可得，未來心不可得。

辛師啊！你怎麼又拿紙跟筆去記啊！那是紙那是筆，不是你啊。你拿自己來體會啊。辛師啊，再叫一聲「呸」！你看有沒有？你還是有。哎，你「呸」到後面就是屁了。

你們以為我傳給你們的是什麼？我告訴你，這是密宗「大手印」，無上大密法，最高的方法。當年我求這個法門，磕的頭花的錢，太痛苦了，最後師父上座，拍案一聲走了，我們大家等著，「不是傳大法嗎？師父怎麼走了？是我們不誠懇。你代表我們去求師父來吧！」我們懺悔，把師父請來，師父又坐在上面，「叫我來幹嘛？就這樣傳完了，不懂嗎？不懂，只好傳你第二等的。呸！」又走了。

貢噶師父很厲害哦，他個子比我還高一倍，我走路，他手按到我的頭，我變成他手棍了。那麼寬的身體，他一天到晚雙盤坐在上面。晚上我們經常有個單獨的對話，也講笑話，有個喇嘛翻譯的。他曉得我學禪宗過來，我一進門，他已經知道，一叫師父，他就笑了。

我說：「師父啊！您今天這個無上密法，我五歲就知道了。」

他說：「你怎麼知道？」

我說：「我是鄉下出生的，我走夜路怕鬼。」尤其當年鄉下夜路，會經常遇到「鬼打牆」，你們聽到過沒有？走路走走，忽然四面都黑了，一下

就懵住了，沒有方向了，這叫鬼打牆，被隔住了。用什麼法門破它呢？有個種田的朋友告訴我說，不要怕，長袍一拉，對到黑的地方屙泡尿，呸，呸，呸……就衝過去了。貢噶師父聽了哈哈大笑，說你們漢人啊，很有意思。後來我們就說別的笑話了。

剛才我教給你們「呸」，這是無上大法，屬於密宗的「椎擊三要」。再教你們修持，很簡單啊！這是第二義，剛才「呸」一聲，你也沒有懂。懂了的話，定啊慧啊，就是一直這樣下去，就如如不動下去了。起座也是一樣，都在這個境界上，這樣你一定成就。

誰相信啊？誰信得過啊？你們諸位裏頭哪個信得過了？我看沒有真信。然後不信，我是「貴州驢子三腳頭」，踢了兩腳頭了，已經給你們兩套了，你們再沒有辦法，我只好踢第三個腳頭。那你們就喜歡了，那可是差等的腳頭，我的口音聽懂嗎？貴州驢子踢三踢就完了。第三踢來了啊！坐好，大家坐好，不要閉眼。將來你要練採宇宙精華，也可以從這裏體會。不要閉眼哦，看著啊，你們看我吧！

把我當成假佛吧，像電影上的佛，看我這地方。看著啊，看我眉間啊，我的眉間跟你們不同，還比你們亮一點，你看你們年紀輕輕，一臉的晦氣色，真糟糕！看這裏啊！眼睛看著，然後眼睛不要眨，不要用力哦，然後把看的注意力拿掉，不看，眼睛還是張著的。注意哦，眼睛張著看我這裏，把看的注意力拿掉，然後，一片白茫茫，是不是啊？慢慢把眼皮閉下來，上下眼皮慢慢的關起來。兩個眼睛還是看著我，可是眼皮關起來看不見了，只看到前面的亮光，一陣白茫茫的，是不是？（眾答：是）

然後，忘記了一切，跟這片亮光定在一起。「心（沒有心）注於眼；眼注於空」，跟空合一，空即是我，我即是空，用兩個眼珠子像插頭一樣，插上來以後，眼睛都忘掉了，一片光明。《阿彌陀經》跟你講，青色青光，黃色黃光，赤色赤光，白色白光，我加上黑色黑光；光色有變，色空變動，我一切不變，對不對？這一下對了吧？哎，如如不動，色就是空，不求空。最後忘記了眼睛，丟開眼睛，身心內外，一片光明。（止靜片刻）

好，諸位，慢慢張開眼睛，再來，看到我這裏，然後閉起來；張開眼

睛，看到我這裏，然後閉起來。再一次張開眼睛看我這裏，然後閉起來，前面白茫茫一片定住（又止靜）。《楞嚴經》上佛告訴你，「開眼見明」，張開眼睛看到明，「閉眼見暗」，眼睛關起來看到的，迷迷糊糊的這叫作暗。明、暗有變動，那個能見明見暗的在這裏如如不動，自性本空。

我現在講一句話，放參，大家休息。如果你體會到，在那個境界上不想動，不願意下座，就不下來。沒有體會到你儘管自由，休息一下。

這個事情不能講客氣的啊，是你們自己的事，不要說對我不好意思，下座就下座。辛師，你下座就下座，坐著玩玩就玩玩，你要記錄就記錄吧！

第五堂

內容提要

如何數息

人的出生

呼吸和念頭

長養氣　報身氣　根本氣

剛才，我給你們演了三齣戲，你們在這個戲法上懂不懂，是你們的事，我不管了，講不講是我的事。

剛才的都過去了，過去心不可得，跟你講未來心了，真正走到小乘修定來了，讓你們知道如何修定。你們都學過六妙門，都曉得六妙門第一數息，第二隨息，第三止息。這個息字是我加上的，其實都有個「息」字啊。第四是觀，第五是還，第六是淨。

這六個字，智者大師從《修行道地經》《達摩禪經》抽出來的，智者大師開創了天臺止觀，叫作小止觀六妙門，是不是啊？你們都不講話，好難辦哦！我的辦公室本來是「南辦」嘛。結果大家打起坐來，在那裏觀呼吸，數來數去，對不對啊？你看現在不論日本中國的禪宗，有些禪師，到處傳的都是數息，坐在那裏打坐，聽這個呼吸，進來出去，一二三，這樣數下去，我就哈哈大笑。

怎麼數的知道嗎？有一個方法是，一來一往數一，數二三四五六七八九十，再重頭從一數到十。或者十一，十二一直下去，這個方法是最差的。

好的一種方法是倒轉來數，一，二，三，四，五，六，七，八，九，十；十，九，八，七，六，五，四，三，二，一，這樣來來回回數，你們大部分用的是哪個數法？我先問問看。（答：來回數）一般是來回數。對了，就是這樣老實的對話，你不要講道理，問答是問你這一句話，這是白的黑的？白的就答白的，結果你又講起道理來，就不對了。剛才古道師說，一般是隨這個息數，那是第二步了。我現在問大家，你們答問題就要腦子清楚啊！

大家都在那裏數息，還要問問大家，不要不好意思答覆我，現在是討論啊。譬如呼吸一進一出，你是在出去的時候數一，再出去的時候數二，還是進來的時候數一，再進來的時候數二；你們用的是哪個方法啊？你們注意了沒有？

僧甲：根據身體情況。

南師：啊，變動的！不可以變動，認清楚也可以變動；但你是根據身體隨便弄啊！先講數息這個法門，我們為什麼看鼻子的呼吸，數來數去，原理

在哪裏，知道嗎？

僧甲：攝心，專注一緣，制心一處嘛！

南師：制心一處，處在什麼上面？制在息的上面嘛！你答話答得對，方法你也講得對，是攝心用的。先要瞭解一個問題，你們學這個的注意，我們整個的身體那麼多方法，採用呼吸的法門，呼吸屬於心法，還是色法啊？

僧甲：這個屬於色法，風大嘛！

南師：我們這個身體色法，地水火風四大，為什麼一定走風大這個法門？瞭不瞭解？不瞭解。只曉得一般修安那般那出入息就是這樣。什麼叫安那？出息。什麼叫般那？入息（按：有經典解釋不同）。反正一呼一吸，梵文叫安那般那，中文叫出息入息。可是翻成中文，有一點你們要注意哦！所以修禪宗的，就要參究，為什麼不翻成「出氣入氣」，一定翻成「出息入息」？注意這個息字。再退回來講，這個息字中國字是怎麼寫的？是「自心」，叫作息。自心就是息，不叫作「氣」了，這個要瞭解。

再進一步，為什麼修這個法門？你們大概沒有好好研究《修行道地經》

《達摩禪經》吧！一定沒有，只是拿到這個六妙門。所以我對天臺宗的朋友很不客氣說，我說你們害死人啊！智者大師用這個方法，他自己得了好處，後世講不清楚，亂搞了一千多年，和尚們及在家人學佛的，就在那裏吸啊呼啊，天天在那裏數息，我說你是學會計嗎？老是記一二三四……數字記了幾千年，一坐數千息，有什麼用啊！

《修行道地經》告訴你，這是了生死的方法，同時也是轉變色身，可以祛病延年，最後了生脫死。安般法門就有這樣重要。所以《修行道地經》，要你修這個法門時，先瞭解人是怎麼入胎的。《佛為阿難所說入胎經》告訴我們人是怎麼入胎的，從這裏先切斷講起；而三十七菩提道品、十二因緣，和這些都有密切關係。

丁師儘管聽，聽了以後當下即空。你一路下去啊。

十二因緣，無明緣行，這一念無明一動，行就是動，動了以後就入胎了，無明緣行，行緣識，識緣名色。入胎變成胎兒，就是我們現在這個生命了，在胎兒階段叫名色。這一步先提一下，這個道理不講了，先講後面的。

我們這個生命，在娘胎裏頭九個多月，七天一個變化，注意，非常科學的。佛在幾千年前告訴我們，一個男人的精蟲和女性的卵子配合時，自己的靈魂一轉進去，就變成了胎兒。在娘胎裏一股息，一股氣，一股風力，每七天一個變化，每七天一轉，使你生骨頭，使你生肉，使你生眼睛，講得清清楚楚。《佛為阿難所說入胎經》雖然沒有現在醫學講的生命科學那麼詳細，可是你要知道，他老人家在兩千多年以前，又沒有顯微鏡又沒有其他儀器，他卻完全清清楚楚，講的比現在科學還要清楚，為什麼？

胎兒在娘胎裏頭七天一個轉變，沒有呼吸的噢！怎麼成長呢？靠肚子臍帶這裏和母親連著，用來呼吸，以及吸收營養，生命因此長大的，是不是這樣？應該都知道吧！

所以我常常吩咐大家注意，什麼叫佛法？佛法是科學，這些都不是我講的哦！佛在幾千年都吩咐你們了，可是你們是佛的弟子，統統不看、不留意、不研究，怎麼對得起本師釋迦牟尼佛啊！

胎兒在娘胎裏，是這樣抱著的打坐姿態，我們看一個懷孕的母親，如果

她肚子尖尖的，就知道會是男孩子。因為男性在娘胎裏頭，背脊骨尖尖的，背向外面，面向裏頭。生女孩呢，這個媽媽肚子圓圓的，胎兒臉向外面，背向媽媽的背脊骨的。這個是自然的道理，很奇怪，這就是問題了，這就要參囉！所以你看，水裏頭淹死的人，男屍浮起來是趴著的，而女屍是仰著的。這是陰陽完全不同。為什麼不同？現在不講，跟你們講太多了，你們也裝不了，這都是大科學。

這個胎兒這樣坐著，他怎麼到生的時候會調過頭來呢？又是一股氣的作用，七天一個氣的變化；實際上不只是七天，是七個鐘頭，七分鐘，都在變化。我們現在也是一樣，只是自己不知道罷了。所以胎兒到了九個多月，三十八個七天以後，業報該生的時候，「嘩」，那個氣轉過來，這個胎兒頭轉向下面了，然後朦朦然，就像剛才我叫你們眼睛閉著，好像有光，好像沒有光，隱隱約約就從這個路道出來了。現在的科學家幻想，叫作什麼「時光隧道」。

等到胎兒一出生的時候，要請接生婆接生。以前我們生的時候沒有醫

生，也沒有護士，我們那邊鄉下老輩子叫洗生婆。

你們注意喔！我們生日，佛告訴我們叫「母難日」，就是母親受苦受難，生死關頭的一天。生不好母親就死掉了，那是很痛苦很痛苦的啊！所以說，人一定要尊重父母，因為生你的時候，母親是拿生死來換你這條命的。胎兒在胎裏頭要擠出來，這個生命也很難受的。所以菩薩、羅漢入胎再來度眾生，工夫定力不夠的話，一入胎就迷了。能夠住十個月到生出來，那個階段完全不迷，跟現在坐在那裏打坐一樣，清清爽爽，那就是大定力了。這就是靠你現在，把念清淨的這個定力，永遠維持住，才能入胎不迷，住胎不迷，出胎不迷。這樣勉強可以叫作「再來人」，是菩薩應化、羅漢應化來的。所以叫「如來應供」；不一定是給眾生供養，也是來供養眾生的。

你們在家人生孩子，特別注意啊！胎兒從娘胎一出來以後，這個洗生婆拿起剪刀把臍帶喀噠一剪斷，趕快把他紮好，紮好了向內收下來，就是我們現在的肚臍。這個時候洗生婆對嬰兒有個動作最重要，這時嬰兒還沒有聲音，還沒有呼吸的喔！他的呼吸本來就在肚臍這裏跟母親相連的。在這個時

候，臍帶一剪斷紮好，第二個動作，那個接生婆的手，就插進這個嬰兒嘴裏，把那一坨最髒最黑的東西，像泥巴一樣黑得發亮的東西，統統要挖出來丟掉。如果嬰兒一開口哇，那一坨咽下去了，就不好了，那個叫胎毒。

九個多月在胎裏頭，沒有牙齒，也不吃東西，有時候嘴巴完全閉著，同打坐一樣。但是肚臍裏頭收下的營養，媽媽吃的，譬如辣的酸的，牛肉、青菜、蘿蔔等等東西，有些剩餘的營養，集中到上面，沖到嘴裏來了。開始還沒有大便，肛門還沒有開哎，有一點點水份排泄；東西大概都在嘴這裏，所以就要把他挖出來。嘴一挖開，嬰兒呼吸了，沒有呼吸就沒有生命哦。生命在呼吸的風大，嬰兒開口「哇」！「啊」！這一叫是什麼？安那，先開口。這一哇一叫，鼻子裏頭自然的空氣，吸進來了（般那）。

然後嬰兒鼻子開始呼吸了，這個生命是這樣過來的，呼吸如果不進來，這個嬰兒就死了。所以我們現在鼻子能夠呼吸，這是後天的呼吸，後天生命的氣。我給古道他們講《達摩禪經》，這叫「長養氣」。這還不是真的氣，不是道家說的「先天一炁」。那個嬰兒在娘胎裏頭，七天一個轉變，成長成

人，那個是「報身氣」，也叫作報身的業氣，有善業惡業，所以每個人身體不同。至於入胎的時候，這個精蟲跟卵子一攪變成胎兒，那個功能是「根本氣」。所以我笑這些唯識學家，九個緣有個「根本依」，根本依是什麼東西啊？唯識學家認為根本依是習氣。其實根本依是真的一個功能，就是入胎的那個根本氣，同現在的呼吸氣三種不同。

三種不同，聽到沒有？所以嬰兒一出生，開口哇，他鼻子、嘴裏先安那出氣。所以「阿」是開始，然後般那鼻子氣進來了，拿現在講，這個吸進來的空氣，是現在科學講的氧氣。

大家都曉得生命，氧氣吸進來到身體，就變成碳氣瓦斯呼出，碳氣是有毒的。所以我們吸氣進來以後，一定又想呼出去了。後天的生命活著，主要靠鼻子吸啊呼啊，吸啊呼啊，呼吸來往，這叫安那般那，要先懂這個原理。

那麼後天的生命，胎兒剪斷臍帶，紮了以後，就靠鼻子呼吸的氣。所以修安那般那的行者，將來告訴你，真的得法了，修得好，最後打起坐來入定，根本鼻子沒有呼吸了，身體內部的一套，自然有呼吸往來，回到胎兒的

狀況，這才能夠得定，才能夠念頭專一清淨。這就是實際的工夫，不然你坐在那裏，吸！呼！數一萬年都沒有用。

剛才我解釋這個原理，還沒有講到六妙門的數字。先講息的來源是這樣，使你們先瞭解，再談方法了。照這個情況，就剩明天一天，我們討論就結束了，這次不會講得很圓滿的，每一段你們都要注意，再聽清楚。休息一下。累不累啊？你們問我累不累嘛！好像只有我問你們，還真客氣。

第六堂

內容提要

煖壽識

氣和念

把心念拉回來

氣結成了塊

先認識這個呼吸關係，呼吸是屬於四大裏頭的風大。那麼生命活著，只是這個風大就行嗎？不行！從入娘胎起，一個精蟲一個卵子，百分之七十都是水大構成的。所以我們身體同地球一樣，整個的地球，七分是水是海洋，三分是陸地。人現在活著，每個都是胖胖的，一個一個的都是一大坨，我是瘦巴巴的。你看一天要多少水進來！水大不夠還不行啊。《圓覺經》《楞嚴經》，各個經典告訴你，四大性離，地水火風，各有各的範圍。所以陰陽五行生剋，水多了剋火，火剋金，金剋木，木剋土，土剋水，都是互相生剋。四大性離，各有各的範圍，它們不是結合在一起的。所以我們人活著，今天我在講話，你在打坐聽話，你以為是個完整的嗎？這裏頭分門別類太大了。

這個生命，只靠呼吸靠這個水嗎？不是，還有火大。所以研究唯識要懂「煖壽識」三位一體。煖是有溫度，溫度是火大來的，死了就冷了，溫度沒有了。所以有煖，有溫度，有氣，就有壽命，才能起心意識的作用。

地大，就是我們這個骨架子、肌肉這些。你們練拳，「內練一口氣，外練筋骨皮」，那些筋骨皮是水大跟地大兩個結合的。打了拳一身汗，那是火

大逼出來水大，這是生命科學，都要搞清楚啊！

回轉來再講風大，變成我們呼吸。嬰兒也好，我們也好，一生了病呼吸就粗就大，就要喘氣，那是風大喘的現象。所以我昨天告訴己師，練武功打拳，不要太閉氣，那是下乘法門。你要懂得氣，真正的武功，練到一口氣不閉，「嘩」一拳出去，那是真氣，那是不得了的功力。你慢慢去體會，你這孩子工夫還差遠啊！你這樣一動一閉氣，已經不是了，將來再慢慢告訴你，我這個老頭子的花樣很多的啊！

這個呼吸是這樣的，不詳細跟你們講，真要詳細講，地水火風四大變化統統都要講。我們身體活在這裏，是屬於五陰，地水火風空是色陰。這個身體，由嬰兒起，每個細胞裏頭都有空的，我們身體上九個竅，頭上七個，加上下面大小便兩個；其他十萬八千個毛孔都在呼吸，都和空氣，地水火風接觸流通的。所以你練武功也好，做工夫也好，不能只憋住這一口氣，其他都不管。其實，只要這麼一過來，手這麼一動，已經是出去了；到了這一步，武功差不多了，慢慢來吧！

這個生命，地水火風空是色法，有色就有受，有感覺，所以「色、受」歸到一組去。你們曉得佛學，受陰包括幾個範圍？甲師喜歡研究佛學，講啊！（僧甲：苦受、樂受、不苦不樂受）普通講「三受」，還加心理的憂和喜兩個，叫作五受。

可是你的想陰（思想）同呼吸，地水火風，是不相干，又是絕對相干；因為心動氣就動，氣動心就動。思想是心意識作用。所以我常說，當年和我的老師袁先生兩人從山上下來，到了四川內江，正在街上走；這是講禪宗做法了。我那個老師回過來就一把抓住我的手說：「哎，我問你一個問題，念先動還是氣先動啊？」我們在走路，還在說笑話，突然，他就這麼一問，我說：「念先動。」哈哈，他大笑，把手一放說：「你對了。」我說：「先生啊！」我們當年不叫老師叫先生，「你怎麼突然問我這個問題？」

他說：「我還有個老師，你沒有見過，還是你們老鄉，浙江人。我學佛跟他開始的，他修持很多年，現在是我供養他，就住在我對門。」

我說：「哎喲，怪不得，先生啊，我到你家裏，前面進進出出有個老先

生，兩夫妻，是你的老師啊？你們兩個人，好像都不大像我們一樣講話。」

他說：「他正在修持，他主張先修氣，我說先修念，我們這兩天就談這個問題，兩個人意見出入很大！所以我路上就問你。我明天帶你去見太老師，你們兩個談談。」

念動還是氣動？你如果警覺就知道，自己的念頭一動，氣就跟著動。念和氣是兩回事。所以你打坐做工夫，剛才我們討論，走大乘禪宗直接的路線，心念本空，念念自性空，不是你去空他，他空你的。

但是念跟氣，兩個是分不開的，像黏住的雙管。所以當人死亡的時候，第六分別意識一昏迷，慢慢氣就跟著斷了。你們聽過我講的生死問題沒有？人是怎麼樣死的？一步一步的變化，都很科學，都要搞清楚。現在簡單告訴你們，詳細的以後有機會再說。

當人一昏迷，臨死的時候，下面冷到哪個地方，氣就停到哪個地方，這個識就散到哪個地方。最後一口氣出來，氣就沒有了，第六意識完全散了。所以現在一口氣在，你的心念跟氣是離不開的。可是念跟氣兩個分途，

你看，像辛師在那裏注意看書，或者你在注意打拳，這個時候氣跟心兩個專一，當你很專一的時候，那個呼吸一定是停掉的，是不是啊？唉！你們也不去體會。當你專心想問題，想個東西要寫，或看個東西，一剎那，呼吸停住了。或者我們在說話，突然一個陌生人進門，「呃，呃，你是誰啊？」那一下呼吸是停住的。「哎呀，是你呀！」放心了，呼吸來了。念跟息是這樣，永遠不會合，所以道家叫「降龍伏虎」。這個心念像一條龍一樣，龍是什麼意思？變化無常，變動不居是龍。虎是氣，猛虎一下山，這個氣一來就傷人了。所以道家說降龍伏虎，先把念頭降伏，就是《金剛經》的如何降伏其心；如何降伏其虎，就是修氣。

這個念跟氣兩個不合一，所以剛才把氣分幾層告訴你們。上座修安般法門時，才發現思想亂飛，跟氣是不合一的。平常我們活著，誰管自己的呼吸啊！自己活著幾十年，有沒有管呼吸？不打坐的時候，你們說有沒有？都不知道！什麼時候知道？躺在床上睡不著的時候，才聽到鼻子有呼吸來往，對不對？平常都沒有管，你看這個心跟它是分開的。

如果一個真有修養的人，就是這樣講話，乃至打拳，曉得心氣本來合一的，不要硬閉著氣，出拳時還要「嗯，哎」！哎個什麼啊！本來合一的嘛！你們注意，這個心氣本來合一，可是又兩個分開；因此修行的方法，先走風大，安那般那路線，叫你把心拉回來。等於拿氣做一條繩子，你這個心念像個猴子，外面亂跑，拿這條繩子把這隻猴子拴過來，歸在一起。

打起坐來，先注意自己呼吸，然後又告訴你，呼吸粗的、大的叫「風」；我們的呼吸只到肺部為止的，叫「喘」；比肺部再深一點，叫「氣」，到丹田到肚臍那裏，那個還只叫「氣」；再進一步，好像停留了，不呼不吸了，那個才叫「息」。

拿這個做繩子，做釣魚一樣的釣餌，把自己的心釣回來，所以叫你數息，自己注意呼吸，進來出去，出去進來，從一數到十，這個念跟著氣數到十，中間自己曉得，沒有一個雜念妄想岔進來，才算數息成功。如果進來出去數一，進來出去數二，數到「五」的時候，一下想到別的，不算！重新再來，從第一再來，這叫數息。

如果我知道呼吸進來出去，順著數到十，再倒回來，九八七六五四三二一，來回都數，呼吸都知道，念頭沒有別的散亂，其實別的也知道，可是有個主要的念頭跟呼吸沒有離開，這樣數息就對了。

可是這裏頭有個問題，我剛才為什麼問你，在呼出去的時候注意記數，還是吸進來的時候注意記數呢？這有個作用，是秘密了。告訴你們出家的同學，要想容易得定成道，要注意出氣，不要注意入氣。

練武功、練氣功的人，犯了一個錯誤，拚命注意入氣。過去氣功流行，常常有些練氣功的人問我：「老師啊，氣留丹田，怎麼留住啊？」我說：「你問我啊，我還正想問你呢！你看過汽車輪胎打氣沒有？你把輪胎打個氣進去，你叫那個打進去的氣，停留在輪胎的某一部分不要動，行嗎？」

氣進來一定充滿全身，硬要把它憋住在丹田，丹田是什麼？大腸。你把氣跟那個大便憋一起幹什麼？氣一進來就充滿全身嘛！出去也是全體跟宇宙合一的，你閉個什麼氣啊？越閉就結塊，會變成癌症的。叫氣停留在裏頭，氣可以停留的嗎？停留就變碳氣，就不行了。

所以你看練武功的，有時候跟人家真打的、拚命的時候，「嗨」的一聲！那個時候忘形忘身，無我的，空了，老子要你的命哎！要你死哎！那一聲打出來是爆破的，是空的，那個真空，發出的力量大得不得了，不可以抗拒的，這個原理懂了吧！

講這個氣，回到數息時候；所以，佛吩咐我們，祖師們吩咐我們，要想容易得定，證得涅槃，注意呼氣，不是注意入氣。而且不要認為呼吸進來保持在哪裏，才能健康體能好，那完全錯誤。

呼吸進來哪裏停留得住！如果真停留住，就結塊了。所以《維摩詰經》上有一句話，「結習未盡」，你從這句話就可以悟進去，是結習難除，打結的。當你覺得身體哪裏難過，哪一部分走不通，或者腿痛、胸口悶，實際上，氣已經結在那裏形成病了，你空不掉。如果你把氣放空了，念也就跟著空了。念和氣的關係，就有這樣重要。

哦哦哦！你叫我休息啊，我老是看不見，好，休息休息。也講了好幾個

鐘頭，哎喲，好像把一身吃奶的力氣都賣出來給你們！呵呵，吃飯去吧！吃飯比什麼都重要。

第七堂

內容提要

十念的修持
瘋師爺
人生的最終
息和風的不同
飲食的困擾

我們下午講由安那般那出入息，或者不淨觀與白骨觀，開始正修禪定。《大藏經》廟子上都有，你們把小乘大乘都查完了，就可以看到，當時釋迦牟尼佛在世時，跟著他的弟子們，證大阿羅漢果的很快，很多，主要修的就是這兩個法門。

佛在《阿含經》告訴我們，修行的方法，總的歸納起來，有十念法。「念佛，念法，念僧，念戒、念施、念天……」，這些都有方法的，我沒有講，你們自己去看。接著下來是「念安那般那，念休息」，大休大息。怎麼叫休息？《楞嚴經》上說，狂心頓歇，歇即菩提。一切狂心放下了就證道了。放下又放下，大休大息。

念休息後是「念身」，就是從不淨觀、白骨觀等等入手，最後了知四大皆空，把此身空掉。那不是理論，是實證的工夫。你說概念已經懂了，有啥用！那是心理上自己騙自己，事實上空不掉，冷起來硬要加衣服，熱起來要脫掉！所以念身是要把四大空掉。

十念最後一個重要的是「念死」。我常常告訴大家，真修行是倒轉來

的，第一是念死。一上座，不管你修什麼法門，兩腿一盤，「我」已經沒有了，死掉了；至於父母所生的幾十斤肉體，只擺在這裏什麼都不管。隨時覺得此身死掉了，不要了。能夠念死才能念佛。你們都聽過吧，這一代提倡淨土宗的印光法師，他的關房沒有佛像，牆壁上大大一個「死」字，就是念死。要發這個懇切心，隨時隨地覺得是死。

所以打坐還要選房間，閉關還要選環境，要什麼環境！要死的時候，你還來得及選環境嗎？你說這裏不好，換一個地方死，你有這個本事嗎？真有這個本事的話，不錯囉！那就是像禪宗那個祖師鄧隱峰一樣了。

鄧隱峰祖師要走的時候，問大家，「諸方」，就是大家各方面，他們大家怎麼走的？說吧！有回答說他們就是預知時至，宣布那一天走，你們來呀，我要走了。然後洗個澡，自已上座盤個腳，寫一個偈子，留幾句話，就坐著走了。鄧問，這樣啊，有沒有站立走的啊？說有。又問有沒有睡著走的？答說，當然有了，佛就是睡著走的。又問，有沒有倒轉來走的？答以沒有。鄧隱峰說，那我倒轉來走。

然後他就像你們少林武功，兩個手支著，頭頂在地上，兩隻腳蹺上面，就走了。你們練武功拿頂（倒立）時，長袍不下垂才怪，他穿著長袍，連長袍都沒有垂下來，仍貼到身體上，就這麼走了。

他妹妹是尼姑，也悟了道的。妹妹來一看，就過來在他身上一拍，罵他：「唉！我這個老兄啊，從小就調皮，到這個時候還耍花樣！迷惑人。」鄧隱峰已經倒轉來走了，聽妹妹一罵，又立起來說，這樣不規矩啊！再站起來走吧。這才叫了生脫死。大家想一想，他怎麼能這樣來去自由啊？

剛才為什麼講到這個？好像吃飽了飯沒有事一樣，因為講到念死，所以修行隨時要念死。一般人打坐修行，還要擇個風水，擇個地方，尤其現在人亂講話，什麼磁場，什麼啥子的場！當年我在四川遂寧，有兩個有神通的和尚，師父叫「顛師爺」，我沒有見到；徒弟叫「瘋師爺」的，我見到了。一個瘋的，一個顛的，都神經病一樣的。

崇拜「瘋師爺」的皈依弟子很多啊！紅包很多，看都不看，嫌囉嗦！他住在哪裏啊？坐在廁所。大陸的廁所，不是我們這個衛生間哎，下面那個大

便小便，臭蟲都在上面，爬來爬去，他就在那裏打坐。我們見他的時候，在廁所裏給他跪下頂禮的，那就是他的清淨道場。

還有人專門修這一派的，後來我在峨嵋山，他有個徒弟跑來，也要搞這一套，被我訓了一頓。要內行訓他才行，不然他是不聽的。他每天要跳到那個廁所洗澡，洗完了澡，再到涼水池來沖乾淨。那時候我在峨嵋山大坪寺閉關，沒有自來水，一年到頭就靠這個天落水，雪水融化了的一個水池，你跑到那裏洗澡，寺裏那麼多人怎麼活啊？廟子上收拾他不了，急得沒有辦法。當家師父跑來找我，我說，這樣吧，你叫他來。他來了，我說，你幹什麼修這一套？他說，修道啊。我說，道一定要跳廁所裏洗澡嗎？什麼理由，馬上提出來。他說，莊子說的：「道在屎溺。」沒有錯，莊子是有這個話，屎是大便；溺，小便；道在大小便裏頭，所以他天天到廁所裏洗澡。

我說：「你跟我小心，我們這個廟子上一兩百的僧眾，就靠這個水池吃飯，你道在屎溺，我們屎溺在道哎！你師父是不是瘋師父？」他說：「喲，你知道嗎？」我說：「我跟他太熟了，他那一套，在我這裏行不通的，不然

的話，今天夜裏就趕你下山去！」講了半天，總算把他說服了。然後我說「你不要修這一套。」他說，「不行的。」

他不但會這一套，在廟子上還不吃飯。他自己有丹藥，叫人元丹，嘿，像四川那個香腸一樣，一片一片切好的，吃兩片過過癮，就飽了。這個道家叫「辟穀休糧」。碰到我，江湖跑多了，問他，你吃這個？哪裏學的？他不講，認為是密傳。我說你的師父我都知道，川北某人，對不對？他說對，你怎麼曉得？你也跟他學啊？我說，那是我的朋友。

辟穀休糧，這一派修法，吃的什麼？你以為那一片片是香腸啊？是大便。大便怎麼吃呢？自己要三七二十一天都不吃東西，把腸胃清得乾乾淨淨，然後專吃糯米飯，不准放糖，不准放鹽，也沒有菜，餓了就吃糯米飯，開始拉出來是稀的，最後大便出來很完整的一條，然後太陽裏曬乾，再把這個切成一片一片，餓了再吃自己這個就好了。萬一腸胃裏頭不乾淨了，溏便不能打包成條，那就要師父給你一點「丹母」吃。什麼是丹母？就是師父練的那個大便，給你一片吃下去，你大便就捆成條狀了。

天下修行是旁門八百，左道三千啊！這些你們都要懂得，釋迦牟尼佛都知道。我對這個人說，你是搞這一套的，你下山去，統統改過來，不要亂搞。

我們怎麼講起這個來？越講越多啊！哈！不說這些了！再說「念死」。這種百千法門那麼多，都是為了了生死。你說他這些是旁門左道，我在《禪海蠡測》上寫，你們不要隨便罵旁門左道，旁門也是門，左道也是道；不過真是可憐，走了迂迴的路。殿堂只有一個，各條路都可以進來，走旁門的是在外面轉啊轉，轉了千生萬劫才轉到殿堂來，多可憐啊！

所以走如來心法，單刀直入，一下即生成就。禪宗講即生成就，密宗號稱跟禪宗不同，說是「即身成就」，連帶這個肉體也轉化成功了。

再重提下午講的，不管你即生成就，還是即身成就，你們修行，先知道十念法，而修行第一步是先「念死」。

現在我們講的是修安那般那出入息和白骨觀法門。為什麼釋迦佛老是在大小乘經典中，講修四禪八定而證果位的人，一定要走這兩個法門？你看顯

教裏頭再沒有其他的，密宗自認為密法了不起，你不要上當，所有密宗的修法，最高的還是這兩個東西變的。

我告訴你們秘密，你們一眼就看透了。你看密宗那些修法，隨便紅教、花教、白教，畫的佛像，下面第一個是腳踏屍體，就是白骨觀，不淨觀的意思。

花樣人人會變，講出來一毛不值。等於少林寺的拳頭一樣，「拳打南山猛虎，腳踢北海蛟龍」，就是騙人的！四川戲演得真好啊！我看了就懂了。一個山大王出來，後面的鑼鼓「咚咚咚」，那個威風凜凜。山大王唱了：「小子的力量大如天」，那個拳頭，威風哦，小子的力量多大啊？「紙糊的燈籠打得穿」，以前那種紙糊的燈籠打得穿。第三句更妙了，「開箱的豆腐打得爛」，你看這個武功多高啊，剛做好開箱的豆腐一拳就打爛了。「打不爛的，除非是豆腐乾」，呵呵，你看武功多高啊（眾笑）。所以說，把武功都挖苦完了，這是哲學，把道理都講透了。

我看了四川戲，真有學問，還有隆隆咚咚，第二個出來了，嘿呀，罵得

真透徹，罵得多好，你聽聽，做山大王，做國家領導，搞革命，鬧事頭子，做英雄做皇帝的，全部都罵了。

然後，鑼鼓一停，把門一拉開來，那個山大王真威風啊，真是英雄！唱道「獨坐深山悶悠悠」，做山大王，坐在少林寺山裏頭，一定無聊嘛！很煩悶，幹什麼？「兩眼盯著貓兒頭」，四川人，賣飯的那個飯啊，盛一滿碗頂上堆個尖，那個叫貓兒頭。「若要孤家的愁眉展」，他做領導的，一天很煩悶的啊，不曉得大和尚如何，我問問他看。「除非是豆花拌醬油喲！」這四句話，把人生統統說透了。

這個大師、大方丈，那個大老闆，這個大教授、大校長，那個大官、大皇帝，都是如此，為了吃飯啊！

這些笑話講完了。生命無常，隨時會死，修行第一要念死，用功之所以不上路，是因為自己不怕死，我是生來就怕死，所以一輩子不敢離開這個。現在人家說：「老師啊，你還健康得很，比我們還健康。」我說：「小心，我九十歲的人了，活一天算兩天半哎，今天跟你倆還吹牛講話，明天也許看

不見了」。生命在頃刻間沒有了，要注意！

我平常給你們講，這個生命怎麼生怎麼死的經過，可惜你們沒聽到，剛才上午提到一點，你們要去研究《佛為阿難所說入胎經》，那是講生的；講死的還沒有一部完整的經，我要把它統統編出來。

看你們練武功也好，練氣功也好，年齡到這個時候，氣都很短了。人的死亡從下部上來，從腳上來；古人說，「精從足底生」，氣也從足底生。所以你們曉得，兩個腳底心的穴道，叫作「湧泉穴」，生命來源都從下面起。

看你們打坐，二三十歲已經背厚厚的駝起來了，生命已經去了一半了，氣上不來咧！年輕的時候已經挺胸凸肚，氣象萬千，上下氣已經接不起來了，這已經不行了，所以我拚命糾正你們，背不要駝起來。

那麼這次沒有時間，就簡單講講怎麼死，詳細講要一個多鐘頭。有關臨死過程現狀，想要知道，就得學唯識了。經典上沒有詳細講哦，只告訴你唯識修行經驗。唯識學講，心意識這個精神思想能起作用，是哪三個要點啊？「煖、壽、識」，溫度，壽命，氣。當臨死的時候，身體冷卻，氣斷到哪

裏，溫度就停在哪裏，壽命就斷到那裏。最後到了一個地方，「啊」，這口氣一斷，第六意識完全昏迷了，第六意識先散了，冷汗出來，水大出來了，前後陰都開，最後一次大便，最後一次男人的出精；女性也是這樣。水大分散了，地大也僵硬，不知道身體了，可是還有溫度，壽命還沒有完。

氣斷了以後，還沒有完全死哦！將來你們出家的朋友死了，要曉得這些變化，他好像睡著走了。你試試看，全身都冷了，胸口還溫的，表示這裏還沒有死完，這是神識最後走開的地方。換句話說，阿賴耶識還沒有完全走光，胸口這裏還溫的，這是人中再來，將會再來投胎為人。

如果全身都冷了，臉上這裏還紅紅帶笑容，像癸師一樣，笑起來臉紅紅的，那或者是阿修羅、天人中再來。如果全身冷卻了，頭頂溫的，一定是證果，或者是往生西方，生天。這是上三道。

下三道你就摸不出來了。如果全身冷卻了，肚臍這裏最後冷的，是餓鬼道；如果全身冷卻了，膝蓋頭這裏最後冷的，畜生道；全身冷卻了，腳底心最後冷，地獄道。下三道冷是沒有時間給你摸了，一下就下去了，這都是科

學的，也都是現在可以證明的。

所以說這股氣的重要，你們先要認識，也是為什麼要修安那般那的道理。因為要給你們講的東西太多，現在時間來不及，只好片段片段零碎的給你們兜攏來了，你們全部研究就會知道了。

佛學經常講三界（欲界、色界、無色界）有「三災八難」，大三災是什麼？火水風。這個宇宙毀壞時，火災先來，譬如現在全世界科學家，擔心我們這個地球，北極的溫度高，冰雪化了，化了以後將來火災一起來，這個世界毀掉，這個地球翻了個身了。這個時候火劫燒到初禪，換一句話，你得到初禪定，或者你得到初果以上的羅漢，到這個定力的境界，碰到火災，你還是逃不出去。所謂「跳出三界外」，你跳不了。所以初禪已經跳出了欲界了，但是火災你還跳不出去。

水災，證得二禪境界還跳不出去。所以叫你們要把《三界天人表》研究清楚。水、火兩個力量夠大了，但最大的力量，也大不過風，大風災一來，像喜瑪拉雅山、須彌山都沒有了，統統吹完，那風力的大，我們沒有碰到

過。其實我們身上都有，隨時都有。所以我們感冒，發燒、流鼻涕、咳嗽，有病的時候，水火風三災，已經在裏頭動了。當然，身體內部有個瘤啊、癌啊，也會那麼痛苦，就是水火風都在那裏轉；「水火風」整個是「地」嘛！換言之，「地」中包含了水火風。

但是這三災，最厲害是風災，到了色界四禪天，才跳出了這個風災。這並不是說，禪定修好了一定會變天人；現在修禪定，修到某一個程度，配合轉化自己的煩惱習氣，也就相等於欲界、色界、無色界天人各種程度。這要對照三界天人表，自己才能測驗。

所以風大是如此的重要。風大，在身上就叫作氣。剛才開始講數息這一部份，講到什麼是息。這一個是抽出來講，也同智者大師寫六妙門一樣，把《修行道地經》和《達摩禪經》六個方法抽出來講了。

數息數的什麼息？息不是風，是風已經平靜了。吹大的叫風，像海上、山上刮的颱風呼啊呼的，那個是風。風沒有了，等於在嵩山上，你們少林寺旁邊，秋天同夏末，微風吹來很舒服，氣候很溫暖，那個是氣，空氣的氣，

還不是息。在春秋的季節，萬里晴天無片雲時，一點風都沒有，非常溫和清爽，很安詳的時候，那個是息。那是大自然的息，你要認得。

我們一年三百六十五天，難得碰到有一天的天氣這樣的舒服，這是息的境界。你認識了這個大自然的息，風大的作用，你就懂得修行了。不管修密宗念咒子、觀想，一切法門，沒有到達這一步，要想得定，就是兩個字——休想。這兩個字還不是普通話，是我們那裏土話：「想都不要想。」你不要打這個妄想了。

再回轉來，這些又片段片段給你兜。因為跟你們講的時間來不及，只好這樣講了。我們回到到六妙門，並不是講六妙門對哦，是叫你們不要上當，我現在再慢慢補充，給你們解釋清楚。

那麼我們修行，這個氣是在身體上，剛才下午講到數息，心跟息配合為一了。你每吸進來、呼出去，叫你們注意數進息，還是出息啊？（答：出息）對了，想容易得定、證果的數息，是注意出息，不是入息，這個是秘訣。在密宗講，這個是非常重要的秘密。我這裏沒有秘密，我都公開講了，

希望你們趕快成就。

這樣數息由一數到十，或者由十倒數到一，來回兩三次，自己覺得這個數字跟呼吸沒有散亂，已經配合為一，你們有這個經驗有沒有？應該有，不要客氣的講，這個不是跟我客氣了，有沒有？這個壬師一定有。對！你為什麼不講呢，不講用頭來講嘛，這樣點頭也好，頭會講話。

都有這個經驗嗎？雖然沒有，有時候瞎貓撞到死老鼠。乙師！你有沒有？（答：有）為什麼不講呢？問到你才講。好，你偶然撞到有，是吧？不是經常如此吧？對，偶爾相應，老實話，不是經常這樣。你們諸位是不是這樣？同意他們兩位的話了。

就是偶然做到了，心跟息配合在一起，道家的名辭叫作「心息相依」。等於兩夫妻結合在一起了，同進同出，心念如此，一方面數著息一二三四，其他的思想也知道，可是呢，專一的念頭是心跟息配合為一，對不對？是不是這樣？講話呀，不然我不講了，你們不講我就下去了。（乙師：偶然碰到）對了，偶然碰到了，如果你常在這個境界裏，那就很好了。

這裏頭有一個問題，你一定要問一下，為什麼我偶然碰到？雖然有這個經驗，但是為什麼做不到常常都是如此呢？你們怎麼不問我啊？這個裏頭很要注意。有時候你上午或者下午剛剛很好，晚上肚子餓吃了一點飯，又變了；或者不因為吃飯，就像古道師、癸師一樣，剛剛修得蠻好，哎唷，這個朋友來了，兄弟來，喝杯酒吧，吃個飯，完了！

你只要用功有點上路，魔障一定來的。你以為鬼啊魔啊來抓你嗎？是人事方面會給你麻煩的。你想修行，一路上去都沒有魔障，那要多大的功德啊！所以要隨時懺悔隨時修行。他們都有經驗，尤其古道老兄，經驗很多，結果就變成「蠱道」了。不是古來古去這個古的，是三個蟲字那個蠱了，迷糊叫作「蠱」。為什麼自己碰到這樣？要深深的懺悔功德不夠，業報的關係，不讓你修行上路；這是講不可知的方面。

而可知方面，你自己生活不曉得調整，數的時候，萬一到了心息相依，完全專一的時候，最好連飲食都不管。尤其注意要少吃東西，一吃東西就障礙住了，要吃的話最好吃流質，不要怕餓，餓不死。當然你要懂得吃氣的方

法，道家叫作「服氣」，那就有幫助了。人不一定吃飯的，有時候服氣就可以了。

所以飲食分四種，你們學佛的知道嗎？段食、觸食、思食、識食。觸食是服氣，吃氣；思食到識食是自己精神的觀想了，精神飽滿起來，這不要隨便弄哦！是有方法的。現在只是告訴你飲食分幾種。

所以我們修行，飲食很重要的，尤其是現在出家人為了守戒律，過午不食，每天中午只吃一餐，嗨唷，我看很多大法師都是唐三藏，糖僧，都得了糖尿病，我都可以點名的。這種糖尿病怎麼來的？吃出來的，很多為了過午不食，中午那一頓吃起來，一大缸麵，一大缸的飯，因為要餓十幾個鐘頭嘛，把胃吃得很膨脹，橫膈膜內臟都壓迫了，影響運化，糖尿病是這樣來的。

吃素過午不食的「糖僧」特別多，可惜沒有三個徒弟，沒有孫悟空、豬八戒、沙僧。真正餓是餓不死的。像我常常試驗，十幾、二十幾天完全不吃，一樣過了，反而會精神百倍。譬如我現在跟你們講話，也吃得很少，他

們晚上怕我營養不夠，弄了生魚片，我也沒有吃。旁邊跟我的老同學都曉得，我吃多了，講不出話來了，頭腦昏聵了，要花氣血去幫助消化，那我就不幹了。

第四天

二〇〇五年十二月十九日

第一堂

內容提要

說梁武帝
身瑜珈
心瑜珈是什麼
早晚課的唱念
達摩洞前的經歷

今天是最後一會了，聽說你們諸位上午一起研究了一下華嚴字母，出家人所謂五堂功課唱念，其實六堂七堂也有。像早晚功課，蒙山施食，放焰口等，這些最基本的都要會；這是明清以來，出家人吃飯的本錢。水陸道場，梁皇懺這兩門功課，你們少林寺應該要會做。

我常說今天中國佛教能維持，出家人能夠蓋那麼大的廟子，會來那麼多錢供養那麼多出家人，是靠梁武帝的功勞。每個大廟子一拜梁皇懺，一做水陸法會，那個財源滾滾而來。梁皇懺是梁武帝為他老婆做的懺悔，這個故事大家應該知道，他的太太是世界上最妒嫉、霸道的女人，很厲害。

梁武帝一輩子學佛學得不錯，政治方面是一場糊塗。上半生的政治馬馬虎虎，下半生，自己搞到亡國。講政治學的批評他，都笑他學佛把國家都學亡了，自己還餓死。這沒有錯，可是我說你們不能那麼看，他很有氣派，還真像個出家人。一個國家自己創業，自己手裏做皇帝，自己亡掉，最後還餓死臺城。臺城在哪裏啊？在南京。你看，你們老同學梁武帝，你們出家人都不知道，那還搞個什麼啊。

但是我說你們不要笑他，他真得了解脫，有沒有悟道不管。最後臨死哈哈一笑，「天下自我得之」，整個天下我打下來，做了皇帝。「天下自我失之」，由我手裏丟掉，有什麼了不起。他看帝王，看天下富貴功名，最後那麼灑脫，餓死就餓死。

餓死、亡國，他錯在哪裏？因為不懂政治；學佛學壞了，一味的慈悲，中晚年以後，培養了一個敵人侯景，以為教化了敵人，自己就會成功。所以，佛教有兩句話，要特別注意，「慈悲生禍害，方便出下流」，不要隨便講慈悲方便，搞政治不是這一套。你們都知道，慈悲布施是要般若智慧的，不是隨便用的哦！己師在帶領孤兒，小心！有時候嚴格的教育，對孩子就是慈悲。所以你看諸佛菩薩現金剛之身，那個青面獠牙，非常的嚴厲；但是那個嚴厲是大慈悲。唉！我怎麼一來就講這個，自己講講都糊里糊塗，是呼圖克圖，真糊塗！

剛才講到五堂唱念的功課，講到梁武帝。現在年輕的出家人，書也沒有讀過。我看現在的大學生、博士，等於當年的小學一年級二年級的程度，統

統看不上。現在這裏的碩士、博士、教授一大堆，我是一概批評的，你們這點學問算什麼！什麼基礎都沒有弄好。然後出家，出了家以後，什麼知識都懂一點，根本談不上淵博；真修行、真學問，一點都沒有。

你看過去我們這些祖師們，歷代的高僧，他們無所不通，樣樣會；講舊的文化詩詞歌賦、琴棋書畫，乃至於喝茶，什麼都比人家高明，所以這些帝王將相，沒有不佩服那個高僧的。現在呢，你們會的佛法，他們知識份子也都會。唐朝的時候，還沒有《大藏經》，我當年到峨嵋山去閉關，就是為了一部《大藏經》，因為別的廟子沒有，就是那裏有這個方便。而且別的廟子藏經樓也不准隨便看經，出家幾年要去看經，或請一部經出來看，不准啊！要幾十年的功勞，才慢慢讓你看經。那個經就擺在那裏，給書蟲看的。

以前天下大叢林，皇帝送你一部兩部《大藏經》，還要蓋個藏經樓。現在三萬兩萬就買一套《大藏經》了。所以我當年的條件，是《大藏經》統統搬到我關房來，那就去閉關閱藏了。現在大坪寺廟子都沒有了，那些《大正藏》都毀掉了，好在我當年全部把它看完。

現在回轉來，聽說你們上午大家很謙虛，我講一聲好好研究，你們果然發心研究。唱念非常重要。所以今天天下叢林蓋廟子，如果做個水陸道場，梁皇懺，照規矩來誠誠懇懇一拜，嘩！那供養就來了。所以，你們不要看不起，這些給死人趕經懺的和尚，那也是一個法門哦！過去在廟子叫什麼？叫「應門」。相應的法門，就是瑜珈，所以也要研究啊！

現在，正統的翻譯是瑜珈，這是統稱，你們讀成「瑜伽」。「瑜伽」跟「瑜珈」有沒有差別？有差別。修禪修止觀的，都叫「瑜珈」，所以《瑜伽師地論》，是指修瑜珈法門有成就的人，叫「瑜伽師」。「地論」是其中一步一步的工夫，一步一步的境界。

《瑜伽師地論》是彌勒菩薩講述，無著菩薩記錄，分有十七地，由欲界的下三道（地獄、餓鬼、畜生），以及人道講起。所以學佛有五乘道，先修人道，先學做人，人道學好了以後，再修天道；天道修好了以後，再修小乘的聲聞道；聲聞道修好了以後，再修緣覺道；小乘聲聞緣覺修好了，最後修菩薩道。這是講五乘道，不是三乘道。

譬如宗喀巴大師著了《菩提道次第論》，他根據的是印度一位大師，阿底峽尊者著的《菩提道炬論》。《炬論》是根據什麼呢？就是彌勒菩薩的《瑜伽師地論》，講五乘道，分五乘修行的次第。也就是昨天引用《楞嚴經》的「理則頓悟，乘悟併銷；事非頓除，因次第盡」。所以要五乘道的工夫。學佛是先學做人，人做好了，再修天人境界，天人修好了，修小乘，小乘修好了修大乘，最後成佛。

阿底峽尊者根據《瑜伽師地論》寫了《菩提道炬論》，宗喀巴大師根據《菩提道炬論》，著了《菩提道次第論》。大家都認為宗喀巴大師了不起。我就笑，其實中國有個禪宗祖師早就有了。我講了你們會很驚訝，可是你們也不懂。

這些來源我都給你們請清楚了，你們在佛學院，什麼都弄不清楚。這叫作後期的佛學，所謂五乘道是很準確的。修五乘道的，修行做工夫求證的人叫瑜伽師，總稱叫瑜珈。瑜珈是什麼呢？（甲師：相應）嗨呀！你這個小姐腔調，發音那麼小聲，趕快學唱念，把喉嚨打開，男子漢大丈夫，豬叫一樣

嗡嗡響，你那麼細聲細氣。（答：上午學了）好啊，那就對了。

瑜珈，古代注解叫作「相應」，拿現在跟你講，就是「交感」。這個電燈的插頭、電話插頭一樣，插上電燈就亮了；交感，電話就通了，這就是相應。不相應就是插不上電。就那麼簡單，這樣懂了吧？交感就是感應，天人交感，與佛菩薩交感。你看中國的佛教寺廟，民間土地廟，到處都寫著「有求必應」，這四個字就是瑜珈、交感，相應。

佛法給我這麼一講，都很簡單，所以不要上他們的當了，有人講佛學說了半天，很多的道理講不清楚。今天也正要給你們談瑜珈，所以我給你們方丈大和尚講，武功練到最後，就要練瑜珈了。你們少林寺跟我聯絡，找人高價錢請印度山裏頭高明的瑜珈師來教，配合少林的武功，禪定，那就是全套了。

瑜珈是跟釋迦牟尼佛同時存在的法門，所以我們放焰口叫「瑜伽焰口」，五堂功課念的咒語都是瑜珈。瑜珈分好多種，譬如鍛練身體的太極拳、內功拳，接近瑜珈了。達摩祖師初到少林寺，傳的是瑜珈，給你們鍛練

身體，不用力氣的，可是這是最高的武功，這叫「身瑜珈」。

現在看來，這是全世界的文化潮流，印度的瑜珈很多人都在學，你們少林寺也要會。這是「身瑜珈」，練身體的，同武功一樣，它不准硬閉氣，是配合呼吸，配合觀想練，就非常好，所有病痛都能去掉。如果加一點作用就是最高的武功，這是「身瑜珈」。修密宗的念這個咒子，嗡嘛呢叭咪吽，是「聲瑜珈」。

現在印度的瑜珈，身瑜珈與聲瑜珈，風靡了外國的學者，少林寺不能不會，不能欠缺啊！趕快找來學，不過不要隨便找，你要問李居士，她弄得最清楚，她可以高價錢，請印度山裏頭專修的瑜伽師，比你們還要出家專修。練瑜珈的人，他們有時候打坐，或一個姿勢站著十幾天不動，現在還有，要修定力可以試試看。

我在法國巴黎街上，也看見一個法國人表演的，因為法國人學了那些瑜珈的很多。一個法國人，穿上西裝禮服，這麼一個姿勢，隨便那麼一擺，十幾個鐘頭不動，眼睛也不動。有時候一天到晚不動，也不拉，也不喝哦！他

是幹什麼？要錢。我們知道的人，到了那裏給他手裏放一個錢，他就換一個姿勢給你看。沒有給錢，一天到晚擺那個姿勢哦！你說你少林功夫馬步，兩拳一抱，腰一拉，蹲在那裏十幾個鐘頭不動，你試試看，這也是瑜珈，可以入定的。所以眼光要放大看世界，修行方法非常之多。

但是這些印度瑜珈的老師，是李居士找來的，對我都很恭敬。那些大師通過她，要送我東西，因為李居士一方面請他們來教，一方面就蓋他：「嘿！你們身瑜珈不錯，聲音瑜珈也懂，你們不懂心瑜珈，因為心瑜珈掉了。」他們承認心瑜珈沒有了，那麼李居士就告訴他，心瑜珈在我們中國。「心瑜珈」就是禪，他們四禪八定也不懂，真的掉了，很可惜！

前天那個庚師講的「中觀、瑜珈」，《瑜伽師地論》是心瑜珈，所以你就知道《瑜伽師地論》的重要。我常常說，佛學院要讀全套的「佛學綱要」，這些教授們寫的佛學大綱、佛學概要都是亂寫，大綱本來都有的。印度兩部佛學大綱，一部龍樹菩薩的《大智度論》，第二部《瑜伽師地論》。中國兩部佛學大綱，一部是智者大師的《摩訶止觀》，一部是永明壽禪師的

《宗鏡錄》。外加西藏一部宗喀巴大師的《菩提道次第論》，那些才是佛學大綱呢！像這些你們讀了幾頁？諸位，大概都沒有摸過，也許讀個幾十頁吧，也研究不清楚。

這幾部我都看完了，而且把它研究完了。還可以講它這裏對，那裏不對，哪裏漏掉了。所以現在幾十年、一百年辦的佛學院，我看都不要看。如果少林寺要真的辦佛學院，開始先把第一部佛學大綱——《大智度論》弄清楚。

你們果然聽我的意見，還研究唱念，了不起！要把唱念發心學好。你看我們這些年輕大師，我不點名了，你真叫他做早晚功課，他們大概像當年我帶兵一樣，站前面立正以後，念孫中山先生的遺囑「余致力於國民革命……」，下面一大堆他們接著念，我根本就不念了；等他們念得差不多，最後出聲就完了。我看你們這些大師，穿起大方丈和尚的衣服，站在中間，「南無……」後面一接上來，你們就根本不唱的，然後到後面「嗡……」好了，這像什麼話啊！

唱念，聲音一出來，由嗡阿吽……南無……一念起來，已經忘我了，只有聲音了，然後同你打坐時的一片光明，一個聲音，進入瑜珈相應的境界，跟天地合一，跟虛空合一了。那一堂唱念下來，真是「萬慮皆空」，所有的念頭都沒有了。所以，你們要特別注意這個聲音瑜珈。

記得還珠樓主（李善基，一九〇二—一九六三，四川長春縣人）寫過一本《蜀山劍俠傳》。當年看了這部小說，不知有多少人出家，到峨嵋學佛學道，我們也受影響。像一道劍光就出去，在空中飛了，那多舒服啊！你要看原著，他不是亂寫的，這個傢伙是學過佛，學過道家，內行的。現在寫武俠小說的都是亂寫，很多都是偷他的東西。

這部書寫到最後，一個大魔王出來，這些什麼峨嵋祖師，武功高的神仙，各家各派的高手，誰對他都沒有辦法。嘩，好像這些有道的把他包圍到「高麗貢山」去了。高麗貢山你不要以為是韓國啊，不是的，是雲南緬甸交界的地方，就叫「野人山」，現在還有野人。為什麼逼到那裏？因為那裏有個高僧，武功最高了，他有什麼本事？就是會唱念。這個魔王被逼到那裏，

會唱念的和尚一出來，一唱南無……魔王跪下了，「師父！你不要唱了，我已經完了。」你看了以後，就覺得寫這個劍俠傳的人真懂。

講到大魔王，這裏給你講個故事。世界上出來一個魔王，誰都沒有辦法，把孫悟空請來都降伏不了，連孫悟空都怕了。最後沒有辦法，只好到西方求佛祖對付魔王吧。佛祖有個法寶最厲害，你知道是什麼東西嗎？我們本師釋迦牟尼佛一聽魔王，笑一笑說：「這個沒有什麼了不起，好吧，你們都降伏不了，我叫我的徒弟去吧！」找個小沙彌，「你去把那個魔王收了。」小沙彌向佛一拜，「知道了，師父。」背個黃包袱下山了。

這幾個高手想，這個魔王神通廣大，這個小沙彌背個黃包袱就下來了，不曉得小沙彌有什麼武功，神通本事那麼大。魔王一見到小沙彌：「你這個小和尚，哪裏來呀？」

「呵呵，世尊派我來找你。」

「佛叫你來找我幹什麼啊？」

「沒有事沒有事，不要緊張，聽說你神通廣大，叫我來看看你。」這個

魔王一聽：「釋迦牟尼佛都說我有辦法，派你來？」

「我們師父慈悲，曉得你了不起，沒有想叫你怎麼樣，叫我來看你有點事情。」小沙彌把黃包袱拿下來，搞了半天拿出來一本化緣簿，「居士啊，向你化一點錢。」這個魔王一聽，啊呀！我走了！什麼都不管了。

所以這個化緣簿連魔王看到都怕，多厲害！這個是降魔最好的東西。這個故事很深刻啊！好了，笑話聽完了。回轉來講到學唱念，不過，一下搞不好的，要帶領全體好好研究。唱念也是軟修法門，真修好了，自然可以得定，很重要啊！

今天要把這幾天來做個結論，我剛才聽到有人告訴我，說你們上午很灑脫很開心，大家高興。尤其宏達跑來跟我說，丁師這個火氣還沒有下來，我就叫宏忍師趕快包藥吧。然後他告訴我，「丁師父，很有意思哎！」我說「什麼意思啊？」「他講他在達摩洞前面打坐，怎麼怎麼……」我說：「真的嗎？丁師，我們請你報告這個經驗。這個不是愛表現，是講實際的經驗。我告訴你，如果當時我在旁邊一點，你不得了了，你今天會飛過來了。好

好，請你先講一下，我來點香供養，供養你一支香。」

僧丁：我一九九二年的時候出過車禍，被車撞了，腿受傷，現在已完全恢復。出了車禍以後呢，住了一個月醫院，正是非典（SARS）的時候。然後到一個下院裏養傷，養了一個月，回去沒事就鍛練腿，這個腿要鍛練，不鍛練恢復得很慢。所以天天鍛練，爬到達摩洞的時候，洞門口掛了一個牌子介紹，叫「五行朝天」，我以前沒學過，少林寺師父都知道，介紹達摩洞什麼「五行朝天」。

南師：有圖嗎？五行圖？

僧丁：沒有圖，只是文字，寫了一個介紹。我說試一試吧，以前沒練過，也沒試，也不知道是咋回事。這時候就想坐一坐，出過車禍以後，心情好像突然一下比以前冷靜了很多。在那裏打打坐，面對著這個東邊，這是上午的時候，太陽從那邊起，剛好有個石凳子，石板。我就在達摩洞那個牌坊旁邊，坐在那裏，就把腿疼的地方扳一扳，試一試。

剛開始扳不上去，一扳上去坐了幾分鐘以後，就感覺這個手心、腳心像

針一樣的扎，痛得很，扎得很難受。難受以後有光線，剛開始是點狀的，繁星一樣的，一點一點的往裏鑽，感覺骨頭裏癢得很，摸一下也不是皮膚癢，骨頭裏面酥酥的，癢癢的。慢慢慢慢地，它就成了那個毛細血管的那種，慢慢慢往裏跑一樣的。跑了以後呢，就成柱子了，特別是頭頂這一塊很明顯，頭頂這一塊是最敏感最敏感的，敏感得很。以後呢，剛開始好像是心窩這一塊，特別特別的是發脹，是最難受的，揪的，裏面像撐一樣的感覺。

南師：沒有錯。

僧丁：撐得很難受很難受，然後突然一下，不知道身體一下定住了，好像一陣風颳一下。

南師：你都跳動了？

僧丁：不是，突然坐在那裏一陣風颳一下，人動不了了。

南師：呃，對對對對。

僧丁：風颳一下人動不了了，然後肚子就成了光柱子，那個點，剛開始不是很清晰，帶黑色的，慢慢慢慢就變發灰，灰色的，以後就變那個藍色，

慢慢慢慢，顏色也不斷的換，有五種顏色，然後，一起下來。

南師：最後是變藍色的。

僧丁：對，變藍色。然後往肚子裏，肚子裏始終有個現象，跟那個拉肚子一樣，咕嚕，呼呼呼，在裏邊像颳風一樣的。一會就不行了，肚子疼，小肚子特別難受，想下來又下不來，定在那裏了，動又動不了。

當時很難受，慢慢就想動，害怕，從來沒有出現過這種情況，心裏很緊張。一緊張呢，心窩這一塊，就轉動起來了，像一團那樣的東西轉動，動動動，裏面在動，不停的動。手裏邊速度也快了，就感覺到那個力量很大，手就感覺光了很空，動不了。三五分鐘左右，就害怕，心裏有點緊張，一會兒工夫就出來了。二〇〇一年打坐的時候，小便出現很多顏色，有的紅色，藍色，黃色，各種各樣顏色。

南師：對。身體皮膚有沒有冒斑點啊？

僧丁：沒有，但像牙膏擠出來一樣，白色的，很黏稠那一種。

南師：很重要，所以叫你報告。聽哦，丁師報告得很好，是一個經驗，

所以要他重新講，我要給你們說明。像我昨天給你們講，修安那般那，真修禪定，這些都會經歷過的哦，這時，已經把六妙門擱到一邊去了。

僧丁：昨晚上講，我有個感受，我這個入手，是因為我看的一本書，不知道是黃念祖老居士還是誰的，看了以後念佛，剛開始念的時候，感覺到念頭不是在心裏念，後來，好像看了黃檗禪師的《傳心法要》，之後念佛的時候，清清楚楚念佛就是「念」這個佛，從那一下突然好像轉了身一樣的。

南師：沒有錯。

僧丁：轉過身以後呢，突然之間這些東西，光點和以前不一樣，以前剛開始，各種各樣顏色，到後來光是一團，或是一片，整個都是，就呈現這個狀態。反反覆覆的，是這樣。

南師：好，聽到啊！昨天給你們講的，都是這個原則哦。所以你們講辦禪堂，很重要哦，香板不是亂拿的，不要亂打。禪堂的堂主碰到這樣，很好的機會都錯過了。丁師父講的這個境界，真修行打坐、修定，必然都會來的。

「十六特勝」講到知息入、知息出、知息長短，還有什麼？（答：知息偏身）丁師父剛才給大家講的這次經驗，可惜他是瞎貓撞到死老鼠，用禪宗祖師一句話，「靈雲一見不再見」，對不對？第二次沒有再碰到。

真修行隨時到這裏，到了「知息長短、知息偏身」以前，就是這個境界，隨便你修定的哪個路都一樣。不管你念佛、修密宗，不管你參禪，不管百千法門，四禪八定是一條直線的路，大小乘必經過這個路，不然不叫作學佛修行了，身心一定起變化的。

變化一來，有時候碰上，像他這樣碰上動不了。剛才講到十六特勝，知息偏身，他還沒有「偏身」哦，就發起來了。這個發起來不是鼻子的安那般那了，所以剛才跟你講，「息」有依種息、報風息、長養息三種。長養息，是我們呼吸往來，是後天的；他這個叫「報風息」發起來了，已經不是靠外來的呼吸。他當時的經驗沒有注意，在這個時候，鼻子的呼吸差不多已經沒有了，內在的呼吸起來，這是六妙門的「還」，回到胎兒的狀態胎息起來了，是自己本身的功能。這個起來，變化是非常大的。

剛才丁師講，肚子裏頭咕嚕咕嚕，好像拉，還沒有拉，有時候這個情形起來，連拉一二十次的大便，最後拉的都是水了，拉一次舒服一次，那不是得病，是把你的身上的業氣統統清乾淨了。然後，他當時感覺到頭頂這裏，自然一個光灌頂下來。

僧丁：從頭頂上下去的時候是一柱，到這個身體之內啊，好像成兩柱一樣的，兩邊的顏色不一樣。

南師：對對對，最後是藍色，所謂藍色是同青天一樣的藍。

僧丁：對對對。

南師：這就是中脈氣開始通了。好，注意啊！聽了你的經驗，你並不是想像的。

僧丁：看到，能看到。

南師：這些工夫是生命本來有的，你修持到了那裏自然來的，所以叫你們聽聽經驗。這一步過了以後，他當時就過去了，後來沒有再出現。要是經常如此，才知道「知息徧身」，慢慢把整個內在氣脈變化了，才到達「除諸

身行」這一步，那麼一定是變成青藍色了。所以你們要主持禪堂，帶領後輩修行，他們工夫到哪裏，一看都要知道。像他那個時候，心裏有個緊張，自己不知道怎麼一回事，放也放不了，身體外表僵硬了，裏面變化很大。如果當下有個善知識過來人一點撥他，一接引他，再一放就好了，那境界就大了。這個時候需要香板輕輕一拍，告訴他放下！什麼都不管，你準備死吧！一切放掉。哇！這一下變化大了，馬上進入「除諸身行」，到達沒有身體的境界了。這都是實際的工夫，修行不經過這樣是不行的。所以修定做工夫老老實實做，不是你去求的，想像是不行的。

謝謝你，給大家一個經驗。休息一下，今天還沒有正式開始啊！

第二堂

內容提要

佛學的概論
永嘉大師
離心意識
流注生　流注滅
識的現象
六識在何處
五法三自性
八識二無我

剛才我說印度和中國有五部佛學大綱，對不對？我說宗喀巴大師的《菩提道次第論》，五乘道說得很好，對不對？我說中國禪宗早有了，對不對？你們怎麼不問我啊？唉，你們聽話都不會聽。

你看永嘉大師《永嘉集》，又簡單又明瞭，把五乘道講完了。永嘉大師當時悟了以後，他著作了《永嘉集》，把五乘道由人怎麼三皈依起，怎麼樣學佛、出家、修行，一路一路上來，要徹底做到，一直到止觀完成，簡單明瞭。

你看佛法到了禪宗大師們手裏那麼簡單，把五乘道一下濃縮了，由修小乘聲聞、緣覺，然後怎麼修大乘，重點在後面兩三篇，如何修奢摩他——止，如何修毗婆舍那——觀。然後講到「見道」完成了，最後證得「法身、般若、解脫」三個，翻來覆去，統統給你講清楚了。

法身不癡即般若　般若無著即解脫　解脫寂滅即法身

般若無著即解脫　解脫寂滅即法身　法身不癡即般若

這是最後的成就，都講得清清楚楚，所以真正的六祖傳承，最了不起的是一宿覺——永嘉大師。

用功方面，昨天給你們提到過，修摩訶止觀的時候，「恰恰用心時，恰恰無心用；無心恰恰用，常用恰恰無」，都給你講完了，然後到達大徹大悟的時候，才是永嘉禪師的《證道歌》。《證道歌》不要先讀，一讀了以後，你們拿到《證道歌》，前面工夫基礎沒有，就變成狂禪了。

永嘉大師是修天臺止觀開始的，他悟了以後，無所印證，從浙江溫州到廣東來見六祖。這條路不曉得他怎麼走法，要多少時間？那時是走路哦，沒有飛機也沒有火車，起碼走兩三個月吧！

見到六祖以後，兩個對面只談了幾句話，六祖馬上給他印證：「如是如是。」他得到印證了，趕快磕頭告辭。六祖說，天黑了，你回溫州？不要那麼急嘛！他說本來是不動，哪有太急。六祖就問他一句話：「誰知非動。」

他說：「仁者自生分別。」六祖說，是妄想分別出來，是不是啊？他答覆說，分別也不錯啊！六祖說如是如是，怕什麼妄念分別，分別本身就是空。六祖留他在那裏住一晚上，就回去了，所以叫作「一宿覺」。

但是你注意，他是天臺宗的弟子，走的是修止觀的路線，工夫到了，最後自己證到了，無所印證。所以這本書上，《永嘉集》後面有封信，不曉得你們看到沒有？是寫給他同學左溪玄朗禪師的，他也是天臺宗的大師。（僧丁：對）不錯，讀書還有點心得，不白讀了。

左溪玄朗公勸他住山，他就回他一封信，住山閉關是想清淨，如果此心未了，住在山裏頭也是煩的，風吹草動都會引起你的煩惱。此身已了，坐在鬧市紅塵中，一樣是山林，沒有分別。

《菩提道次第論》，或者《瑜伽師地論》，真的要讀完，憑你們學力，不行啊！如果真要你們念《永嘉集》，你們肯發心研究一下，是有捷徑可走。永嘉大師寫《永嘉集》的時候，《瑜伽師地論》還在印度沒有翻譯過來，玄奘法師快把佛經帶回來了；而宗喀巴的《菩提道次第論》比他更遲

六百多年呢！

簡單明瞭的告訴你們這些，匆匆兩三天，原來意思是講禪堂的規矩，這一切還沒有討論到啊！但我始終有句話要告訴你們，禪堂真要花錢重新修，要慢慢動才妥當，要是隨便搞一個地方打打坐，你們現在那樣就可以了。真要修一個完善禪堂，建立一個非常合法的規矩，就不要隨便拿香板打人。有些規矩都不對了，都沒有真修改，大家死守那個規矩，規矩也是人立的啊；而且一般叢林下的規矩建立了以後，就埋沒了很多的人，因為有人用功剛剛對了，就說他不對，說他著魔了。或者像丁師父那個境界，認為這是魔障，不得了！所以做一個善知識的，不要犯任何一個錯誤。禪宗祖師說「我眼本明，因師故瞎」啊！

這幾天當中，現在我們做個結論。見地跟工夫是兩回事，你們回去真要研究，我還是借用一句老古話，「老王賣瓜，自賣自誇」，你就好好去找我一本原來老的著作《禪海蠡測》，拿在手上慢慢研究吧。

很多人說「老師啊，我讀過你的書」，我只笑，或通常答覆人家，「不

要看我的書，上當的，我的書因為當年沒有飯吃，寫文章換飯吃的，騙人的。」你說我謙虛嗎？不是，我是真話。

換言之，你要真修行，連佛的書都不能看，這是禪宗路線了，所以說不立文字，這些理論都丟掉。這幾天我把佛法歸納，跟你們講的這些，以禪宗不立文字來講，已經立了文字！禪宗講「明心見性」，後來變成中國全體的文化，儒家把它拿過來一變，叫「存心養性」；道家把它拿過來一變，為「修身煉性」，其實都是一個。

「心性」如何去明？如何去見？對了，甲師，你那個細聲細氣的問，禪宗叫我們離開心意識參，離開心意識怎麼參？我答覆你沒有？我答覆你了！離開心意識去參。我不是答覆你了嗎？沒有？你這個笨蛋！我如果答覆你，那還是心意識啊！是不是？

心、意、識三個階段，在哪本經典上提的？知道嗎？是《楞伽經》。剛才提到佛家講明心見性，後來儒家拿過來叫存心養性；道家變成修身煉性。套過來又套過去。達摩祖師又叫你「以楞伽印心」，這個心，到底什麼叫作

「心」？佛學在學理上說的這個心，不是講我們現在這個心，這是個代號，代名辭。這個心是「如來藏性」；再把如來藏性拿掉，就是禪宗祖師講「這個」。「這個」是哪個啊？不知道！

拿現在西方哲學講，宇宙萬有的本體，那個叫心；拿現在科學來講，萬有的功能，那個最初的能量，也就是這個宇宙的功能，那個叫心。這是個代號，也叫作「性」。

什麼叫作「意」呢？拿人類來講，嬰兒生下來不會講話，但在娘胎裏頭已經知道舒服不舒服。所以媽媽懷孕的時候，「唉喲，我這個孩子在肚子裏踢我了，東踹一下西踹一下。」嬰兒在肚子裏幹什麼？為什麼會踢媽媽？胎兒在媽媽肚子裏和做夢一樣，他也騎馬，也打球，也開運動會，東動一下西動一下，他並沒有老老實實在裏頭哎。十個月在裏頭，完全夢境一樣，一下這個夢，一下這個境界，一下那個境界。

嬰兒從生下來開始，餓了就曉得哭，涼了也曉得哭，那個就是「意」，沒有分別心的意。這個意是心的第二重的投影，第二重的反射，就是嬰兒頭

頂上這個「囟門」還開著，砰砰砰在跳的時候。嬰兒那時候只曉得哭，不會講話，這時候第六意識有一點作用，還沒有完全形成，所以嬰兒這個「囟門」還開著，就是我們老百姓講的天門還開。這時候，健康的嬰兒，抱著他時還笑，有時候會皺眉頭。你還以為他真在笑，其實他這個身體還沒有多大的感覺，在感受方面，「受陰」沒有那麼嚴重，他是在他那個境界玩，碰到高興他笑了，碰到不舒服他難過了。這時只有第二重「意」，第三重「識」還沒有。等到囟門長好了，頭頂封好，才開始講話，第六意識形成了，分別心起來了，這叫「識」。

心、意、識，拿科學、醫學告訴你們，很清楚。我們現在用的，一切思想、一切的動作，都是「識」的作用。「三界唯心，萬法唯識」，所以「妄念」，就是「唯識」的作用，第六意識是第三重的投影。所以離心意識還參個什麼啊！那早就成功了。這是祖師的教育法，有意瞞你們的，給你們遮住，要你們自己蹦出來。

譬如剛才丁師講的，受傷以後，在達摩洞前面，偶然做做樣子，把腳

盤一下，那個時候氣動起來，唯心生命的本能發動了，也不是他有意造的，也不是分別心起來的。當你念頭空了，分別空了，意識清淨了，不作主了，生命本來一切唯心的功能起來，就能夠證到「三明六通」。所以此心具足萬法。

因為你放不了分別意識——第六識，也放不了那個主體的「意」——第七識，所以叫你修定你定不了，第六識妄心、分別心在外面亂飛，只好利用安那般那呼吸法，把它騙回來，把分別心歸到一點上，最後這一點也不要了，自然清淨。歸到清淨以後，得止得定了。

這是好可憐的方法，沒有辦法啊！想把這個妄心清淨，離心意識就對了，離心意識就成功了，離到哪裏？沒有離，心意識全體現成，全體現成的境界叫「如如不動」。

所以我讚歎中文翻譯之高明啊！兩個「如」字，你們都學過中文，講明白了，什麼叫如如啊？就是差不多像那個樣子，像那個樣子叫如如，好像很空很清淨，其實你覺得清淨覺得空，已經不空了。

剛才丁師報告的，他那一天坐到達摩洞的境界，你們都聽到了，他是用心意識來的嗎？不是。那他知道不知道呢？你們說！（答：知道）知道就是見聞覺知，一切現成具足的，也就是不起分別的本有的功能。如果妄念雜想不空，空性就不現前；但自性本自現前，自己認不得罷了。

學禪宗，尤其少林的弟子們出來，更要抓住《楞伽經》，所以達摩祖師吩咐「以楞伽印心」。《楞伽經》中有一位大慧菩薩，大慧是誰啊？大慧就是彌勒菩薩，你不要被佛經那些名號騙了。

那麼，曉得了心意識，所以《楞伽經》中，大慧菩薩先提出問題問佛，「諸識」，一切的心意識，心念感受活動，有幾種生、住、滅？各有兩種「生住滅」。實際上，後來教理上講四個字，古道講對了，叫「生住異滅」。這個「異」字可以不要，由住到滅，都在變化，異就是無常的變化。在人的生命過程中，生住異滅叫生老病死，在物理的世界叫成住壞空。其實不需要壞，「成住空」就是由住到空，當然變壞了才空。「生老死」三個階段，病字不需要，由生到死，經過當然有病態了。

佛說諸識生住滅各有「流注」與「相」兩種情況。「流注生，相生」，「流注」是行陰，這股動力一來，無明念一動，現象就起來了。譬如剛才丁師講的，坐在達摩洞前面，那個境界來，他並沒有去用功哎！他正在受傷，休息一下，看了這個「五行朝天」蠻好玩的，試試看。結果他多生累劫修行，那個功力的習氣業報，一下碰上來了，他的習氣流注，那個行陰過來了，現象就出來，所以是「流注生，相生」。

住也是兩種，「流注住，相住」，譬如我們修定，那個行陰的流住，念念都在定中，你就產生四禪八定，各種定力的境界。

滅也是兩種，「流注滅，相滅」。所以講修行，重點在這個五陰裏頭的行陰，行陰一切斷了以後，一切皆空。

這不是很簡單嗎？佛都答覆你了，你們去看《楞伽經》原文。你們這部經也沒有去摸吧？一定沒有去摸。咄！白剃了光頭。佛及祖師都吩咐你，把寶貝都給你了，你不去找。這段就在《楞伽經》開頭，你只要去看開始那幾頁，統統在內。《楞伽經》開頭有多少個問題啊？（古道師：一〇八問）對

了。這個半僧還記得，我將來刻個圖章給他，他現在是一半和尚，一半不是和尚。一百零八問，佛答覆了問題嗎？半個都沒答覆，但他又都答覆完了。

一百零八問，問的什麼？大慧提的很多，像這個窗子上，有多少灰塵，每一顆灰塵是怎麼構成的？連這個都問，亂七八糟，天上地下的事情都問，科學的、宗教的、哲學的都有。佛聽了半天，只用一句話說心說性說相答覆，實際上就是「一切唯心，萬法唯識」。如果要這樣詳細分析問，問一萬年也問不完。這是心意識所造，所以他給一個總的答覆，這是《楞伽經》的秘密。

首先大慧菩薩提出來問諸識，心意識的識，不問心，不問妄念。問諸識有幾個現象？佛說三種：「轉相，業相，真相。」

「轉相」，出家修行，成道成佛，你以為修行是修個什麼，就是把無始以來的習氣，清理乾淨，一轉就是佛。一切眾生皆是佛，為什麼變成六道輪迴的眾生？也是這麼反過來一轉。

「業相」，我們生命活著這股力量，都是業力的作用。業分幾種啊？甲

師，你不是愛研究嗎？（甲師答：善、惡、無記）對，業分三種「善業、惡業、無記業」，歸納性的。我們一切眾生隨時在無記中，昏頭昏腦，什麼都不清楚。所以你們諸位學佛，有緣坐在這裏的人，也不是一生兩生修過的，過去都修過，不過迷路了，無記忘掉了。所以，只有「轉相、業相」一轉過來，明白了以後，原來就是佛，自性本來清淨的「真相」就呈現了。

你看你們也學佛，我也學佛，比你們搞得清楚吧！明明我們都說皈依南無本師釋迦牟尼佛，一切眾生共同的老師，只有一個釋迦牟尼佛，老師都告訴我們了，老師的東西都不聽，都不記。可是我怎麼會記啊？因為有記，才不落在無記中。

第二個問題問了，有幾種識？關於「心意識」，我剛才講，心是本體，意是我們起來的念頭，識是發生火花的作用。佛說三種識，「真識，現識，分別事識」。這是簡單的講大原則，只有三種；如果詳細的分別，就是八識了。

「真識」是真的自性，本來有的，這是唯心。

「現識」，我們有這個身體，有六根眼耳鼻舌身意，有山河大地、宇宙萬有，這個作用是同一個本體的現識，現量境界。

「分別事識」就是我們第六意識，有分別之識。分別有什麼不好？妄念有什麼錯啊？所以昨天告訴你，妄念自性本空，你去空它幹什麼？它空你的。所以永嘉大師說分別也不錯啊！那你們今天剃了光頭，離開父母出家成佛，不靠第六意識來修，靠什麼來修？就是靠第六意識！分別清楚了才好修啊！所以到達第六意識一放下，本來清淨的真如自性，真相就在這裏。

有一點告訴你，現在講唯識學的，說第六意識在腦裏，根本是一場糊塗的錯誤，不要聽他們亂說，統統搞錯了。我常笑，八九百年的唯識學家，亂七八糟的懂個什麼！連有些學密宗的也亂講，說第六意識在腦子裏，腦不是第六意識，是身識的一種，不過第六意識也通過腦起作用，是不錯的，但第六意識不在腦裏頭。

你翻開玄奘法師《成唯識論》就知道，這第六意識不在身上，當然不在腦子裏。你看藝術家畫的佛像，圓光有多大，大概是兩手臂畫個圓那麼大，

我們第六意識都在這兒。譬如你正睡覺，我在這裏一叫某某師，你那裏就應了；就是瑜珈，就相應了，就有交感。所以第六意識無所在、無所不在，內外都有。

佛都清清楚楚告訴我們了，後來「唯識（法相）宗」，就是這八個識翻來覆去在轉，轉了半天你越轉越糊塗。再被佛學家一講，統統不知道了。然後說，喔喲！「唯識」很高深喲！高深個啥！

整個講唯識法相學，以《楞伽經》為根本，《楞伽經》告訴你的法門，只有這個路線，什麼路線？「五法三自性，八識二無我」，所有佛法全部大要，統統包括了，告訴我們了。「五法」曉得嗎？誰記得啊？記得賞吃一顆花生米，記不得你們要供養我花生米。（答：名、相、分別、正智、如如）

「名」就是丁師講的「概念」，代表一切觀念，都是妄念起來的。「相」是一切的現象，都是外境。「名、相」怎麼來的？是「分別」而來，一切學問，包括一切佛學，都是第六意識分別出來的。「正智」是不起分別的，也不會被名相騙走，自己清清楚楚。般若智起來，就知道自性本空，

「如如」不動，不要你去修的，當下就是，證到「一念不生全體現」境界，也就是佛境界。

五法就那麼簡單，連出家都不要出家，當然更不要在家了。剃個光頭出家著相了，穿了這個衣服，這不是「名相」嗎？那我在家呢，更著了名相，這一切都不是。所以古文告訴你，不要「循名執相」，不要跟著概念，被一切的現象騙走，要一切不會受騙才行。

所以另一個地方記載，有人問我們的達摩祖師：「師父啊，你到我們中國來做什麼啊？」達摩祖師怎麼答覆，你們曉得吧？嵩山下來的應該知道啊。他說：「我找一個不受人家騙的人，不受人欺的人。」這個話很對了。找一個不受人欺的人，也不受人騙的人，本來清楚的人。

什麼叫「三自性」？唯識學上叫「三無性」。就是「依他起性，徧計所執性，圓成實性」。我們一切心理作用都是由外界引起的，這個外界不一定是物理世界啊！有時候我們坐在那裏，沒有事，忽然想到什麼，馬上就行動了，那個心裏的外相起來了，分別心起來了，就是依他而起。做工夫的人，

我常常引用呂純陽的詩，他也是學禪的，講得很對：「丹田有寶休尋道」，自己氣脈通了，精神很好，還修煉什麼丹道啊；「對境無心莫問禪」，不依他而起，對境無心嘛，你本來清淨的，本來沒有事。

所以一切是依他起性，我們從嬰兒開始，受外面的教育，受父母的影響，都是依他而起。於是人就構成了一種思想，以腦子的習慣思維，中文、英文、法文，這些文字教育，你所加上的，都是給你污染的，依他而起。依他起了以後，抓住了，執著了，主觀成見就起來了，所以佛學就包括了「五見」（身見、邊見、戒禁取見、見取見、邪見）。

五見屬於「見思惑」的「見惑」。「身見」，有身體的觀念；「邊見」，不落在空就落在有，或者有個中觀，都落在邊見了。世界上哪裏是中啊，有中也就有邊了。「戒禁取見」，尤其宗教家都落在戒禁取見，認為這個不應該，那個不應該，沒有應該不應該；這個戒，那個戒，你本來無戒的，本來清淨的，那個才是大戒，那個是菩提心戒了。戒律和規矩是人設的，所以立個禪堂的規矩，要守禪堂的規矩，也就是戒禁取見。「見取

見」，主觀的成見；「邪見」，歪的偏見，邪就是歪的。這「五見」哪裏來的呢？「偏計所執」，就是說，你都抓得牢牢的，如果能夠不依他起，了知一切本來空，沒有一法是固定的，偏計所執就清淨了，本來圓成實性也現前了。

八識暫時就不多講了。至於「二無我」，就是人無我、法無我。你們修行用功修定，證到了「人無我」，身體也空了；昨天講的十六特勝，知道這個境界，工夫做到時，身體也沒有了，我也沒有了。人無我以後，也要「法無我」，一切眾生都是佛，平等平等。

懂了吧？這就給你上了《楞伽經》的課囉！一部綱要都給你們講了。那用什麼方法修呢？佛說：「無門為法門」。所以十地菩薩在《楞伽經》裏頭，一地都沒有地，也就是說，初地等於十地，十地等於二地，二地等於八地，八地等於六地，六地等於五地，結果搞了半天，什麼都不是。所以《楞伽經》告訴你，佛有死亡沒有？沒有啊！「無有涅槃佛，無有佛涅槃」，涅槃自性，本來在這裏。

第三堂

內容提要

如何對付妄念

人身上的氣脈

有形工夫

禪定工夫

我們到昨天為止，所講到的大概是一個路數，第一，只是簡單明瞭，從理入告訴你們，「直指人心，見性成佛」，這些是見地的道理，並沒有真正詳細解說。第二，見地以後，有關自修的工夫，講到修安那般那、白骨觀，這兩個是配合的。像丙師，他學白骨觀有一些心得。到時候，白骨觀與「出入息」兩個路線，成就是一樣的。換一句話說，修安那般那（出入息），是了四大當中，從「風大」入手的路線；修不淨觀、白骨觀是從「地大」來的。當然還有些人修水觀，是修「水大」過來的。密宗講修「拙火」，是由「火大」觀來的。

也有人修密法，專修空觀來的，在嵩山也可以修，但在峨嵋山，五台山，喜馬拉雅山頂，那裏打坐不是這樣坐的，最好是用「獅子坐」法。獅子坐是狗的坐法，動物坐法，兩個腳底心一靠，平的，不需要坐墊，眼睛看到虛空，跟虛空合一，忘掉了。這叫獅子坐法，坐在山頂上修。丁師！前面腿放遠一點，兩個手在兩個腳中間，頭這樣對著虛空，不要翹起來。高山頂上，萬里晴空，人統統忘掉，這樣修空觀。

地水火風空，修五大觀，各有區別。整個的修行方法，《楞嚴經》二十五位菩薩的圓通法門和《圓覺經》上十二位菩薩，都是報告修行經驗。其中有修止、修觀、修禪那；「禪那」跟「止」兩個怎麼配；「禪那」跟「觀」怎麼配；「止觀」跟「禪那」怎麼配，翻來覆去二十五個，這都是方法論。這是講工夫方面。

我們現在，到今天下午為止，還是需要在基本見地上先搞清楚。剛才提到《楞伽經》的要點，「五法三自性，八識二無我」，講唯識法相離不開這個原則，如果講般若，一切都掃掉了。

我希望大家回山注意，直接走心地法門，走禪宗直接的路線來，只講見地，修心性法門為基礎。注意《圓覺經》十二位菩薩報告的修行經驗，尤其中間有兩段最好，是大家用得到的：「居一切時，不起妄念；於諸妄心，亦不息滅；住妄想境，不加了知；於無了知，不辨真實。」都看過吧？（答：看過）記得嗎？（答：記得）好好去體會。

「居一切時，不起妄念」，不起分別，不起妄想，「於諸妄心，亦不

息滅」，但是妄想起來，不要壓制，也不要切斷，它本空的嘛，它自己會跑掉，誰能把一個妄念永遠留住啊？留不住的。「住妄想境，不加了知」，不增不滅，妄想過了它本空，就沒有了。本空的那個心境界，就不要再懷疑，「哎！這個對了沒有？」這就完了，這又在妄想；所以不要再起妄想，清清楚楚。平常如此用心，再加上修禪定，就會到家了。

《圓覺經》上還有個很重要的句子，關於妄想的問題，佛經都告訴我們了。「知幻即離，不作方便；離幻即覺，亦無漸次」，妄想一起來，你知道是妄想，妄想就已經跑掉了，還要你去滅它嗎？不需要借用另外一個方法。「離幻即覺」，沒有妄想，自己本來見聞覺知清清淨淨的，「亦無漸次」，這個裏頭沒有什麼次第。

甲師這個孩子，拿一大堆問題來，這些問題都已解決了，我看都不要看。你這樣搞問題搞下去，你來生再來吧。

「居一切時，不起妄念；於諸妄心，亦不息滅；住妄想境，不加了知，於無了知，不辨真實」，能這樣就對了。「知幻即離，不作方便；離幻即

覺，亦無漸次」，當下圓成，也就是「圓成實性」。

你們這一次山上下來，辛苦跑到上海來上當，跟你們玩了幾天，大概這樣可以回去了，沒有事了。有事沒有事？當然有事！因為修行不是一天兩天，如何把這個父母所生的身體，修證成果，那是一步一步的工夫了。那必須是四禪八定的路線，除此以外，沒有第二條路了。也就是《楞嚴經》上兩句話：「方便有多門」，方法很多；「歸元無二路」，回家只有這一條路。

昨天大概給你們講了修安那般那，要真的用心去修，要完成四禪八定，最後再丟開。以我的經驗，除了走安那般那、白骨觀這個路線以外，其他的方法我懂得太多了，告訴你們，那些都是閑傢伙，閑傢俱，聽懂了嗎？我那個百貨公司裏頭什麼都有，但是我都擺在那裏，放在那裏讓它爛的，因為都是次級貨。正統所賣的，是釋迦牟尼佛這個店裏的安那般那，不淨觀與白骨觀。這兩個一配合，一下就到了，再沒有比這更好的方法。這是講修證的工夫。

依我八九十年的經驗告訴你們，不敢說遍學一切法，從十二歲起，到現

在幾十年，接觸的人，看的學的，什麼旁門左道、外道都知道；我們本師釋迦牟尼佛，在大小乘經典再三告訴你，只有這條捷路，非常快。要轉化身心到「即身成就」或者是「即生成就」，只有這條路。你不相信的話，就去冤枉走吧！三大阿僧祇劫，慢慢去轉吧！白轉的，很辛苦。

昨天講了修安那般那，這個也是瑜珈，瑜珈的意思叫相應，身心相應，身跟心互相交感。擴大一點，就是人天相應，人乘道與三界天人——欲界、色界、無色界溝通。最後融化了，而心物一元，這就是瑜珈，就是禪的一種。

既然說完了瑜珈，我就問少林寺的同學們，三脈七輪清楚嗎？不清楚，只好簡單的畫了。至少我有一本書《靜坐修道與長生不老》，你們沒有看吧！中醫道家的十二經脈、奇經八脈，印度瑜珈的三脈七輪，這些氣脈路線，在這本書上大致都畫了。印度注重的三脈七輪，同中醫道家所注重的十二經脈、奇經八脈完全不同；三脈七輪是修定的境界。剛才你們不是聽我跟丁師兩個對話嗎？他到的那個境界，我說你最後一個藍光下來，他說對。

中脈是藍色的，所以中脈通了，你就一片光明，跟站在高山頂上，像喜瑪拉雅山頂萬里無雲那個藍天一樣；也和科學家到了太空所見的那個境界一樣。所以藍天是青藍的；顏色是沒有究竟的黑，黑的不過是深青色。

僧丁：下面是水一樣。

南師：那個是偶然的境界。你為什麼當時看到水一樣的呢？下面的「水大」還沒有化開。

這一條中脈，由頭頂的囟門，中間靠後腦一點點的地方，與虛空連下來，一直下來通到海底。男性的海底，位置在生殖器和肛門之間，這裏有個三角形的地帶。所以密宗的「曼陀羅」，畫個三角形，四角形，都是身上氣脈要點。這時與中脈連起來，從左邊下來，同左邊的鼻孔有關係，一直下來，通到人體右邊的睪丸，這是左脈。右邊的頭頂一路下來，通到人體左邊的睪丸，這是右脈。右脈同肝、膽、腸、胃，有絕對的關連。大便不通啊，腸胃問題，這個右脈是重點；漏丹，遺精啊，同左脈有絕對的關聯。

有沒有人問，這是講男的還是女的呢？一樣的，沒有男女的差別。女性

修持到某一個階段完整了，是一樣的，外形沒有變，看起來是女性，裏頭氣脈走的路線是一樣。女性海底跟男性長得不同，可是那個三角帶海底的作用還是一樣。

所謂七輪，印度文化叫「輪」，西藏密宗就是印度文化，也叫「輪」，我們叫部位，七個部位。「海底輪」，上來是「臍輪」，肚臍。再上來是「心輪」，又叫「法輪」，再上來是「喉輪」，「眉間輪」。所以你們修持氣脈對不對，一看相就知道，你看每個人臉上都不對。說你在閉關，你在修行，哎呀！了不起啊，供養啊！那是騙人的，一看連修行的影子都沒有，還不要說真的，一看就明白了。所以佛經上告訴你，叫你觀佛眉間，觀佛頂髻，都不是白搞的。「頂輪」在頭頂，離開頂輪約二寸，是「梵穴輪」，是跟三界虛空合起來。所以修持到打通了梵穴輪，與大梵天合一了，清淨了。這樣叫「七輪」，七個部位。

只有左右中三條脈嗎？不是。你看《佛為阿難所說入胎經》，佛告訴我們，人身有七萬多條脈道，氣脈走的路是七萬多條，這個講的是大體。這個

業報之身的組織，太奇妙複雜了；現在的科學都還沒有弄清楚。這個氣脈之學，不是解剖屍體能夠知道的，因為人死了，氣脈也沒有了，只看到筋肉骨頭。

這是平面簡單的「氣脈」。七輪，肚臍起到海底到兩腿，六十四根脈，粗的。所以打起坐來，腿麻，坐不住，那是因為腰以下到海底根本不通，要是打通了，兩個腿發樂感，太舒服了，不肯起來。這六十四根脈是倒轉向上面走的，不是下去。臍輪又叫「變化輪」，所以我們男女結婚，生孩子就變化出來人。會遺精，會屙尿，飲食會變營養、大便，都在「變化輪」起作用。

臍輪上來「心輪」八脈，又叫「法輪」。心輪八脈是向下的，和臍輪向上的六十四脈，這樣是一重。你們買本解剖書看，那你看到心臟是一瓣肉一瓣肉合攏來。這樣一個心，像沒有開的八瓣蓮花一樣捆攏來。心臟大的是八瓣，詳細的不止八瓣哦！

所以參禪、參話頭，用功到達了這一重，脈解心開，開悟了。以密宗

來講，開悟的人，一定脈解心開，心脈打開了。我常常告訴你們，那個心脈打開，有時嚇死你，自己會「砰」一下，好像心臟爆炸了，很可怕的，一下張開了。所以密宗講，修到脈解心開，雜念妄想自然清淨了。我們普通人講話都是佛法的道理，像你開心不開心啊？我好開心哦！真開心，脈輪會打開的。所以普通形容，「萬里青天無片雲」。這些都是有相的工夫，就是修一切有。所以佛的弟子，這一派修行的阿羅漢，是「根本一切有部」，在律藏就可看到。

再上來到「喉輪」，也叫作「受用輪」，有十六支脈，我們吃東西、講話、發音都在這裏，前兩天給你們講，這個脈打不通，你妄念斷不了，講話喔啊喔啊……笨笨的，或者是發不出聲音，一看，這個傢伙的業力，就知道不行的。所以我講甲師這個孩子，聲音那麼細，這個業力多重啊！就像剛才講的《楞伽經》的業相，業力的現象就擺在這裏。喉嚨氣脈打不通，是多生累劫犯了口過的業報。

喉輪的受用輪完全打通了，自然一天到晚沒有妄念了，見聞覺知都在般

若智慧境界，妄念自然清淨了，夢境也清楚了；有時候未來事情沒有發生，都已經知道了。喉輪這裏道家叫「生死玄關」，破了這裏的生死玄關，工夫修到這樣，可以「坐脫立亡」，打起坐來要走就走。所以我常常勸人家，你們不要談學佛，談修行修道，能夠活著健康快樂，死的時候不要拖累自己，不麻煩別人，就是第一等人了。

你們搞禪堂，大家打起坐來，如果有個人修安那般那，坐在那裏忽然啊……呃……如果你拿起香板啪！那你倒著魔了。這種打嗝的聲音，假如有經驗的大善知識一聽，噢，這個傢伙啊中飯吃多了，消化不良；或者這個地方，肺部不通了；或是什麼情形，也都知道了；或者有功德，虛空中佛菩薩無形中給他灌頂上面氣一下來，他裏頭會起反應，氣向上走，就發出聲音了。就像在水邊，丟一顆石頭到那個小水塘，石頭丟下去，下面冒泡上來，這是外氣進來，裏面氣沖出去接應，自然起這個作用，就發出聲音。所以有修行的過來人聽見，已經知道你工夫到什麼程度，不會隨便打香板了。

「頂輪」在頭頂中心這裏，是三十二根脈，頂輪和喉輪是一重（沒有講

眉間輪啊）；臍輪和法輪一重；密宗是用兩重「寶蓋」來，代表身體氣脈，道家用個葫蘆代表，上面一陀，下面一陀，中間腰細細的。這個都是有相的，都是名相。其實名相也不錯嘛！頂輪也叫大樂輪，頭頂的脈打開了，就是道家說的，煉精化氣，煉氣化神，煉神還虛；還精補腦，長生不老。道家講有形的工夫，就是禪定工夫。

還精到補腦，最後腦打開了，有形的，沒有淫欲，沒有漏丹了，得大樂。這個時候你打起坐來，兩個腿通到腦，全身統統是快樂，快感就是舒服的，沒有這裏瘐痛，那裏麻脹，這裏難受，那裏不暢，而總是那麼快樂。所以到達這個境界，不肯下座。依大乘菩薩戒，這是犯戒的，叫「耽著禪樂」，貪圖禪定的快樂，不肯利世利眾生，不起行做功德。所以小乘羅漢貪著禪定之樂，會挨菩薩揍的，叫他們下來！在過去的禪堂裏，方丈要請當家請執事時，看你修行得好，就會說，不要再修了，請出來當家。他若不肯幹，方丈就給他跪下了，下座下座！跟我去當家。一當家做執事就苦惱了，就要犧牲自我，沒有時間修行了；所以說是不讓你耽著禪定之樂。像辛師那

個樣子，管人又做事，就能夠不貪著自己了。

有個同學名叫「定來」，福建人，好久沒來看我了，定來到現在還是這樣，冬天穿一件衣服，兩個腳光光的，練得蠻好，傻里瓜嘰，我很喜歡他那個羅漢相。有一天他來了，我說：「定來，你跑哪裏去了？」「嗨呀，我跑泰國緬甸，學南傳佛教習禪定。」

我說：「學了什麼？」他說：「我知道了，初禪在這裏，二禪在這裏，三禪這裏，四禪這裏。」他一面說一面指著身上的幾個部位。

我說：「他們就是那麼傳你的嗎？你在南傳小乘佛教練了三年回來，原來是曉得這些個部位啊？」很好玩。也有道理，不是沒有道理。他說的初禪在眉間這裏，二禪就是「天眼」的部位，三禪是囟門這裏，四禪是頭頂。修白骨觀有個觀法，要你心念集中在眉間；所以眉間輪和頂輪一打開，就與三界交通了。

現在把這些常識告訴你們，你們要長期研究，氣脈之學深得不得了啊！而和你的身體業力果報，就是《楞伽經》講的業相，都有密切關係。

你們現在聽了，不要又被這個騙住了，拚命去研究。剛才講五法三自性，不要又去執著名相了，你們要再搞這一套，就來不及了！只要好好修行，這些現象都會發生，都會看到，都會來的。不做工夫這些現象不會來，光在思想上研究教理，問這樣的問題，你問死了也搞不清楚的，三大阿僧祇劫慢慢去修吧。

努力用工夫，氣脈真的修通，這許多問題會解決，會找到答案。生命是這樣一個現象，所以要「參要真參，證要實證」，真參實證，不是空談理論；證，就是真做工夫實踐求證。

現在先講到這裏，吃完了飯以後再來。只有一個晚上了，珍惜這個晚上啊！六點鐘吃飯，還有半個鐘頭，玩玩，休息一下，你們聽累了吧。（有人說老師辛苦了）我辛苦，嘿嘿，我怕你們聽得辛苦哩！剛才丁師替人問一個問題，等一下講。

第四堂

內容提要

不漏丹

戒律

打坐的困擾

十六錠金

我們大家的聚會很稀奇啊！也很特別，也很驚喜。今天晚上一過，明天是各奔西東。

他們同學提出來，這本是中英對照的《達摩四行觀》，在美國有人翻譯成英文。美國同學發心印了很多，帶來給我，我統統亂送，只剩一本了；你們帶去，要印就把它印了。印了大家可以學英文，用英文講禪宗達摩祖師的「理入、行入」。

這本是我過去講的《般若波羅密多心經》，他們拿了二十本，要交給你們帶回去做參考。另外這是一位印度瑜珈老師的錄影帶，李居士花錢請來教的瑜珈，練身體的，先交這個給你們收了。

先把這些事務性交代了，這叫「塵勞煩惱」，亂七八糟，堆得一大堆的灰塵。今天的時間差不多了，要給你們講的講不完。

禪宗祖師有句話，「學人不開口，諸佛菩薩下不了手」，你們這些學的人，也不開口。尤其是辛師，你打死他也不講一句話，他就是不給你開口，諸佛菩薩下不了手。你們也沒有什麼好講的，換一句話說，問不出來，不知

道怎麼問，是自己沒有做過小偷，怎麼偷也不曉得，沒有經驗嘛，怎麼會有問題問得出來！

現在剩下來有兩個問題，都是臨時提的，一個是丁師吃飯前提的，他說有個朋友發什麼e-mail啊，我也搞不清楚，叫他代表他問一下漏丹問題。

僧丁：轉這個四大以前，是不是身體一定要不漏？他問了這樣一個問題。

南師：對對對，一定要不漏，就是不犯淫戒，要守戒。所有的戒律，不論比丘戒、比丘尼戒，第一條戒是戒淫，比丘戒兩百五十條，比丘尼戒更多，有三百四十八條。這個比丘戒，比丘尼戒，也叫「別解脫戒」。為什麼叫「別解脫戒」，參過沒有？佛教基本的戒律是「十善業道」，為了要想即生成就，這一生證得大阿羅漢果，了了生死，別解脫戒也是特別走的一條路。所以剃了光頭換衣服出家，就是為了專修求證的，不是好玩的。

比丘、比丘尼戒，第一條先戒淫；菩薩戒第一條不是戒淫哦！在中國用的菩薩戒不大合理，因為用的是《梵網經》，那是佛在色界天，給色界天人

說的，是秘密的境界。所以在西藏的佛教，採用的菩薩戒不是《梵網經》，而是《瑜伽師地論》裏彌勒菩薩所說菩薩戒。《梵網經》的十重戒，四十八輕戒，第一條戒殺，戒淫是第二條，次要的。彌勒菩薩的《瑜伽戒本》，第一條菩薩戒也不是戒殺，也不是戒淫，是戒「自贊毀他」。自己認為自己了不起成功了，就看不起別人，而且譭謗別人不對。你們要研究戒律，跟你們講一講戒律，講起來鬧熱了，問題也多得很。

佛教除了普通流行的還有三皈五戒，八關齋戒。譬如我常常批評人，一般學佛的居士，學了八關齋戒，不敢坐高廣大床。臺灣當年有出家的師父來，晚上我叫他睡覺，他寧可睡那個板凳，問他為什麼啊？他說，不能睡高廣大床。我說，誰說的？他說佛經上說的，所以連床都不敢睡。我說：「老兄啊，什麼叫作床你知不知道？床就是椅子。」

我們唐朝以前，都席地而坐，日本人的生活坐「榻榻米」，保有中國傳統。這種椅子是南北朝時傳過來的，叫作「胡床」，是從西域這邊傳過來

的。那個床是活動的，叫「交椅」，合攏來可以揹起走。所以達賴的「坐床大典」，就是登位大典，翻譯得不好，叫「坐床」。你以為真坐在床上嗎？是坐在椅子上。

年輕人學佛，第一步守「八關齋戒」不要坐高廣大床，就是大位子不要一下就坐上去了；要學謙虛，坐小地方、小位子，不敢大模大樣。他們弄錯了，連高一點的床都不敢睡，這不是開玩笑嗎？你們光曉得受戒，那個律師、戒師沒有幾個真懂得戒，所以不能夠給你們講清楚；他們書都沒有讀通，戒律也沒有研究好，懂個什麼！

而且戒律就是規矩，「開遮持犯」要清楚。譬如禪堂規矩，老規矩該廢的，該「開」的；新規矩該「遮」的，重新建立，應該遵守的，就是「持」。有時候該犯的「犯」，並不是「犯」，而是時機地點不對。所以「戒性、戒相、戒行」各有不同。講起這個太大了，講戒到最後，都可以明心悟道的。現在有人講五臺山是戒律的道場，我說現在還真有懂戒的嗎？

等於現在世界上的律師，很多打官司都敗了，因為不太懂法律。有人是

學法律的，反而不肯做律師，法官也不幹，寧可學佛了。所以說，戒律談何容易啊！

我們普通受三皈、五戒，八關齋戒，然後成為近事男、近事女，等於居士。如果出家，受沙彌戒、沙彌尼戒、比丘、比丘尼戒，然後再受菩薩戒。由受沙彌戒起到受比丘戒，要考察三年。這是末期印度佛法，三年比丘戒以後，考察你的行為。等於現在共產黨，用紀委來考察你。出家人是從持戒來考察你，等通過了才受菩薩戒。「三壇大戒」，學完已經九年。為什麼要停留那麼久啊？隨時考察你的行為，合不合戒律，就是合不合規矩，都滿分了才可以。

後來中國變成一個月受完了，在頭上燒個「戒疤」，原來根本沒有燒戒疤這回事的，這是清朝幹的事。因為明朝亡了以後，清朝怕人造反，怕人剃了光頭是為掩護身份，所以給你燒九個洞，算是辦護照。這是在吃苦頭，說什麼是燃身供佛，不是這麼一回事。

在三壇大戒以後，還有最重要的是「菩提心戒」，概括了這一切，在家

出家，已經學佛，未曾學佛，即今學佛，都要受。這個「菩提心戒」是最難的，學密宗特別注意菩提心戒。除菩提心戒以外，西藏密宗還有「十四條根本大戒」，我都受過，這些不同於比丘戒、菩薩戒。你們居士們聽了不准出去亂講，真的吩咐你們。事實上，密宗大戒我從來也沒有講過，他們跟我很久的，也沒有聽過。真的哦！殺、盜、淫都可以開，你會嚇死了，原來是這麼一回事啊！你說古不古怪？真正的奧秘當然不能給你們講囉！只能大概提一點。

現在我們問題不要扯多了，講一點點「戒定慧」給你們聽，老頭子吹牛隨便吹一下都嚇死你們。你們什麼都不知道，學佛哎！佛是「正徧知」，什麼都知道。

現在回來講丁師替他的朋友提的問題。比丘戒第一條戒淫。什麼叫淫？男女發生性關係叫「淫」。那意淫犯不犯戒呢？年輕人根本沒有結過婚，漏丹遺精呢？佛又說，有夢之遺犯淫戒；無夢之遺沒有犯淫戒，那是病。但是，無夢的遺精，也不一定是有病。譬如年輕人，十幾二十幾歲的，沒有動

淫欲之念，他到一定時間，個把月，二十幾天就遺精了。這是精沒有化，精不能化氣，叫「精滿則溢」，像茶杯一樣，水裝滿了就流出來了；但是常常遺精是有病，不對的。這個遺精，在戒律叫作「漏失不淨」，沒有動念的不是犯戒。男女手淫都犯戒，已經動念了；意淫也是犯戒。

你去研究戒律，佛什麼都內行都清楚，女性是怎麼手淫？怎麼樣遺精？男性是怎麼樣，他統統清楚。你看了佛戒律部份，才覺得他老人家什麼都懂，真叫作「正偏知」。

可是以道家修定修行，如果「童真入道」，很快成就。什麼叫童真？以女性來講，是十四歲以前；現在時代不同，提早了，十一二歲以前。也就是第一次月經沒有來，還沒有情欲的觀念，這是童真。女性二七十四歲是標準，男性是二八十六為標準，現在也提前了，每個男性在十五六歲，自己兩個乳頭會發脹難過，有經驗沒有？還有記得的人沒有？噢，你還記得。我自己也記得，到那個時候，不曉得怎麼會有些煩躁，因為兩個乳頭發脹了，等於女性第一次月經要來，在這個發生以前，叫作童真。童真入道，很容易得

定，很容易修行成功，這個時候，男女沒有分別。

所以修定，修煉的工夫，這些是有為法，如果老中青修行，不管男的女的，先要修回童子之身，才能真正打開三脈七輪，才能通了「百脈」，才能得定，再證果位。嚴格的講是這樣，這是唯物方面來的。

所以修行守戒律，是非常重要的。譬如你們諸位，我不要你們答覆，漏不漏啊？照漏不誤。不過時間多一點，少一點。如果自己有意把它漏了，那嚴重了，那天天在犯戒，隨時在犯戒。無夢而漏了，很輕微的犯，不算，但是馬上要治病。

問題來了，「明心見性」跟這個漏精有沒有關係？難道古代修禪宗的祖師們「言下頓悟」，都是不漏精的嗎？不一定。達摩祖師沒有告訴你漏不漏精的問題。你看達摩祖師要走的時候，說我要走了，你們給我提心得報告。有幾個弟子，二祖神光是一位，還有一個比丘尼。

第一個講的是道副禪師，達摩祖師一聽，好，有心得，你得了我的皮。那個尼姑總持是第二位講了，達摩祖師說，你得了我的肉。第三個道育講

了，達摩祖師說，你不錯，得了我的骨頭。每個好像都得了法。最後問到二祖神光，神光禮拜後一站，什麼都不說。達摩祖師說你得了我的髓，所以，付衣缽給他。

你看看，為什麼拿這個做比方？這就值得研究了。所以參究嘛！參，有疑情，這就值得懷疑了。為什麼這位老人家，他好像賣豬肉的，專門拿一層一層解剖來講？你得我的皮，你刮我的肉，你刮我的骨頭，只有個二祖神光，最厲害，你要吃我的骨髓。呵呵！

我們身上，男女關係出精，乃至手淫做夢遺精，那個是「髓」，是「骨髓」，是生命四大之身最重要的。

那次我在廈門打七，古道師、癸師都參加，那個時候他們兩個都是玩的，不真搞的。古道師還跟在我旁邊幫忙，那些和尚吊兒郎當，有一個欺負我的，古道師怕我吃虧，就過來了，一把就把那人抓出去了。我想那些小和尚武功再高，要打我，我還不在乎。老頭子一打就倒在地上，哎喲的叫，他就嚇死了。古道怕我倒在地上，先過來把那個和尚一刁就走。我看到就問：

「那是誰呀？」「他叫古道，少林寺學武功的。」「噢喲！那麼好心。」

講到打七，最後要結束了，那天晚上專門跟出家眾講話，好幾百和尚尼姑參加，就講這個淫戒的問題，除了跟我的幾個居士以外，其他居士都不准聽。出家眾誰能夠守得住戒？哪一個不在漏精？不過不講而已！漏精道家叫作「漏丹」，就是把「丹母」漏掉了，了生死的骨髓漏掉了。金聖歎說此事啊，「人人都在做，個個不肯說」。大家都蓋住在那裏，如果拉開來研究戒律，就行了，問題是你能夠守得住這個戒嗎？

然後，男性年輕的，隨時會有陽舉的情況。我再告訴你們，我才二十幾歲時，碰到袁先生，當時我們在靈巖寺打七，有一位姓馬的師兄弟眉毛白的，叫「馬白眉」，不曉得他現在還在不在。他是有名的稅務局長，官做得蠻大，人也很有福氣。我年紀最輕，是他們的大師兄，他們說我是掌門人，還說：「不得了，大師兄是開悟了。」每個都很怕我。馬白眉跟我們一起打坐，本來坐七天，坐到第四天的時候，他就摸到我房間來，「師兄啊，我要下山去了，我不敢跟先生請假，跟你打個招呼，我走了，你跟先生講一

聲。」

我說：「你不是公事都交代了嗎！來參加打七，才只四天你怎麼要走？不好意思吧！」他說：「不行！不行！」我又問他，「什麼事啊？」「嘿！這個東西翹起來。」

我說：「這個東西翹起來，也沒有什麼了不起！」

「我翹了兩天半了，晝夜下不去啊，呵，硬的。」

我說：「那怎麼辦？」

「拿濕毛巾哦，把它裹起來，拿冰把它包起來，格老子也冰它不死，他媽的，我就打它，東打西打越打越翹，沒法子了。」

我說：「那你問先生沒有？」

「不好意思，大師兄，我們什麼都跟你講，都要問你。」

我說：「這個啊，你問我，我有什麼辦法！那你回去幹什麼？」

「回去找太太去啊！」

我說：「哦，這樣，你去吧。」

「師兄，你准啦？」

「我負責，你去吧。」

他就下山了。過了七八天以後，我們打完七下山，我立刻坐個車子跑去找他，一敲門，那個傭人就大聲的叫，「局長，南先生來看你了。」在那個地方我還蠻有名氣，所以四川人一提到我，把我當成四川人，馬白眉就很高興到門口來，「大師兄，你來了。」

「哎哎，我來不是來看你，我問你那個問題解決沒有？」

「解決了，回來找到太太，當下就煙消雲散，從此天下太平。」

我說：「還打坐不打坐？」「不敢打坐了，這個不得了。」

這是真實故事。這些故事很多哎，我本來想，你武功那麼好，降不降伏得了，嘿！嘿！恐怕你武功再好，也降伏不了。所有的修行人，不管道家密宗都一樣。譬如我在西藏修密宗，能是法師我們都很熟，他是能海法師的師兄弟，是那個昭覺寺清定上師的師叔。密宗的佛像有些是男女雙身像，我問能是法師說：「你們觀想男女雙修的佛像，你觀想得起來嗎？你們觀想，不

漏精就怪了。」他就笑。我說：「你們觀想成功啦？每個都在漏丹。」「不錯，是這個樣子，那師兄你呢？」我說：「這有什麼難？這都降伏不了，還修個什麼！」

這是修行第一個關鍵哎！大家都不肯講，這是很嚴重的問題。尤其你們年輕，你煉童子功，吸氣把它提上來，即使你把兩個睪丸收到小肚子裏去了，同漏不漏丹還是沒有關係哦！也照漏不誤哦！而且把睪丸生殖器煉功煉到縮上去以後，你看看，那個人臉色是焦黃的，帶黑色的，肝膽都出了毛病。換一句話說，有時候小便大便的濁氣都提上去了，中毒了，所以不要亂提哦！

學道家、密宗的，有個「十六錠金」，很重要，你們聽一聽懂了，好好煉，對身體特別好。方法是站立姿勢，隨便你馬步也好，姿勢一擺，「一吸便提」，鼻子一吸，下面就提上去，上面壓下來，上下兩個氣接上，「氣氣歸臍」，歸到肚臍；「一提便嚥」，上面口水嚥下來，「水火相見」，這叫「十六錠金」。當年求這十六個字，那還得了啊！花了多少錢，磕了多少頭

啊！這有名的「十六錠金」，十兩黃金一個字，就是那麼珍貴，現在我都隨便送給你們了。到我這裏什麼東西都不要，花了錢學來，懂了以後，肚子裏哈哈大笑，原來如此！我早就明白了。

講到你們練武功的，還有些法門，大概你們也懂，我都給你們指穿。世界上這些壞事我都清楚的，乃至兩夫妻或者男女朋友，還煉雙修法，要出精的時候，這個手一回轉來，身體上某個穴道一摳，精不出來了，自以為沒有漏。密宗也有這個法門，不但男的哦，女的身上也有個地方，要高潮出精的時候，自己一點就不漏了，真的回轉了。這些我都學過，也會。但是哪個傢伙搞這個，我一看臉色就知道，這是找死啊，非得肝病不可。

所以不管出家在家，不管哪個修道人來看我，你好你好！請吃飯，你功夫了不起……心想該死的傢伙！你們聽聽這些，也許你們都碰到過。小朋友可以笑，你們不要答覆我，我也懂，我也玩過啊！像這些，你就是不學，還有些朋友會來教你的哦！說這個法門好，教你搞這一套。

練氣練內功要練到「玄關金鎖」，把它鎖住不漏精，談何容易啊！所以

道家在這一門的修法，有「百日築基」，一百天打基礎，不漏丹。漏丹是道家名稱，是不漏精，「百日築基，十月懷胎，三年哺乳，九年面壁」，十幾年就修成了。

百日築基，沒有一個人修成。不到一百天，有時候剛好到九十九天，「喀嗟」！又垮掉了，這是講有形的。所以某大居士，有時候跟我說：「老師啊，我一百天都不漏了！」他的兒子十幾歲，站在旁邊說：「爸爸，你一百天不漏，我還十幾年不漏呢！」兒子還只有十幾歲，我聽了他父子兩個對話，兒子講得真好笑！哈哈。

修行談何容易啊！丁師的朋友問，這個漏丹有關無關呢？譬如我的老朋友，賈老先生你們也聽到過吧？講禪宗的，現在圓寂了。他十二歲起，天天遺精的，身體壞到什麼程度呢？連屙尿精都會屙出來了，身體壞透了。他也學道家、學密宗、學禪，當然很擔心這個漏丹，結果活到八十幾。我在香港的時候，他同妙湛老和尚一起來看我。可是很奇怪，幾十年不見，他就送我一本書，他摸啊摸啊，口袋老半天摸出來，說是最珍貴的禮物。我打開一

看，真的不得了！是黃教的密本，當年我們學「大威德金剛」時，如何用功的記錄。

我說：「老兄，你這個哪裏來？我都沒有了。」

「我在西藏拿來，我為了你，保存幾十年。」問他：「西藏誰給你的？」

「嗨，你不知道，你已經出來了，劉伯承軍隊打西藏的時候，把我徵用做翻譯。」他做政治部的什麼職位，官還蠻大。我說：「你參加共產黨部隊打西藏？」「對，然後我到西藏，還給喇嘛活佛看病。」我說：「你給他們談佛法？」「紅教、白教都談了。」「這個法本哪裏來？」「在西藏，突然有個喇嘛找到我，說有個法本託我帶去交給南懷瑾。」我說：「那個喇嘛是誰啊？」

「哎，我一回頭他不見了，我到現在搞不清楚他是誰，是個喇嘛給我的，而且指定叫我交給你。我留了幾十年。」我說：「真是最珍貴的禮物！」

所以這個法本我還是要把它印出來，都排好字在那裏，印好把它線裝起來，如果賣的話，一本一百萬。這是當年我們真實的記錄，都整理過的。嗨呀，我現在想想，這是當年我們哪一位師兄弟記錄的，經過這個大劫數，簡直不可能保存，除非是他編的故事，我說「你不是編的吧？」「嗨，老兄，這怎麼編呢？」

說起賈老先生一輩子漏丹，還生兒育女，還講禪宗。他也有一點工夫，有一點見地，活了八十幾，此是一。

還有臺灣一個道家，也是幾十年漏丹，有遺精病，也活了七八十歲。拿科學醫學來研究，這個漏丹同見地、修道工夫有關無關？你聽懂了吧？我可沒有給你下結論，結論我還沒有下。我把這些資料都告訴你們，你看這個問題多大，是修行上的大問題。所以我也不問你們，看你們在身邊，假裝的也不錯了。但是，雖然你們所有人做工夫練功，都還不如辛師好，他臉紅紅的，雖然血壓稍微有一點點高，沒有關係，我看他還比較對哦！

所以，如果以科學來講，修行同這個男女關係，漏不漏丹的關係，是個

大問題，這個問題誰要能夠參通，差不多了。女性跟男性又不同，誰能夠參通這個，那我可以封他做呼圖克圖，真的活佛了，真的大師了。你朋友託你問的問題，我只能告訴你這樣，如果說問我，如何把這一面能夠完全切斷，而修到煉精化氣，難了。你不像我那個同學馬白眉，沒有他的那種經驗。

至於身體弱的，經常漏精的，我更告訴你一個秘密，釋迦牟尼佛講的秘密，連密宗都不講，也不注意，只有《大藏經》律藏部份才有。佛講男人出的精，有七種，「青、黃、赤、白、黑、酪色、酪漿色」，這真嚇人，現在科學連影子都沒有。譬如你們漏丹，白天一起來，褲子上那個差不多白白的，年紀輕的有一點印跡，年紀大一點就是白水，鼻涕水一樣，那是身體不好了，那是一般凡夫。佛說的轉輪聖王那個精是青色的，轉輪聖王的太子精是黃色，轉輪聖王第一大臣的精是黑色，犯女色多的精是赤色，修到阿羅漢那個精是酪色，至於說酪漿色，那已經是活著的舍利子了。

有些人的精，譬如有愛滋病的，有腎病的，精的顏色普通帶一點黃的，所以男女內褲裏頭，都有點黃黃的，現在醫學叫「黃體素」，都有的。但是

有些女性過分黃了，這要檢查身體，有問題了。女性有時有白帶，是女性的病，也是漏丹的一種。女性的白帶比男性更微細，有白帶、黃帶、赤帶。赤帶不是月經，那是有病了，或者是內出血，非常微細。

丁師，我只告訴你三分之二，沒有給你做結論啊，做結論太難了，做結論我要賣錢的啊！其實不是這個問題，是要真修行的，慢慢再研究。今天晚上要分手了，你問的問題，這樣答覆可以了吧！所以講戒律太難了！

第五堂

內容提要

什麼是漏

三脈七輪和六道

離別前

再說漏不漏丹這個事，漏丹這個是身漏，最嚴重，是眼耳鼻舌身意六根都在漏，思想、妄念全部在意漏。「一念不生全體現」，這就是六根不漏，才可以得「六通」，證大阿羅漢的無漏之果。

剛才講的問題是「身漏」，身漏對於健康長壽，或者修道色身轉化有關聯，但還不是全體。所以剛才那個甲師跑來問要怎麼樣，我說你轉個身再來問。像你這樣一個衰弱有病之身，已經不談這個了；整個的身體都不健康，你就趕快修白骨觀、不淨觀，把這個身見丟開了。等到白骨觀、不淨觀、安那般那修好了，沒有這個身見了，直接走心地法門，那時不談這個問題，就可以做到六根不漏。

所以前五通是天人境界，大阿羅漢境界在第六通「漏盡通」。一切無漏，圓滿清淨，這才是六根不漏了。你光問這個小漏！眼睛看到好吃的，愛喝酒的看到酒，那真是進入「無處不漏」。什麼酒都喝光了，喝光了還打架，那就是酒漏，哪一點不漏啊！男的看到好看的女人，女的看到好看的男人，嘿，就算不看還要眼睛斜一下，早就漏了，邪漏！六根都在漏。大阿羅

漢修到無漏果，六根一切清淨，完全不沾。那不是戴居士跟李居士兩個的對吹！你們把山都吹得垮，連少林寺的武功都抵不住。所以說不漏談何容易啊！

有人吃過飯就跑來替你們問，不過他自己也想問：「老師啊，三脈七輪同四禪八定有關聯沒有？」我說：「當然有啊！和十六特勝密切關聯。」換一句話，三脈七輪的臍輪以下這裏，是欲界，所以漏丹不漏丹，都從這裏發起來的。本來是往上，可是你漏了，就顛倒走了，也就是下三道了——地獄、畜生、餓鬼。臍輪上來到眉間輪是色界；眉間輪上去無色界。

三脈七輪有關三界的氣脈，是這樣區分，可以這樣向上，可以那樣向下，看你本事修到哪裏。這懂了吧？剛才講到漏丹，臍輪的氣脈打通了，就跳出了欲界，身體得樂了，但是大樂輪打開才真得樂。初禪叫離生喜樂，是脫離欲界的影響，生喜樂了，是十六特勝的「受喜、受樂」的境界。

所以，三脈七輪處處有問題，要好好參究。還有修白骨觀，最後打開頂輪這裏；可是要注意哦！後腦這裏視覺神經的關係，到那個時候什麼都看

見了，你不要認為得了天眼通，要趕快關閉，閉不了趕快來找我，再不然找人給你扎兩針，把它扎掉停住才好；如果往神通路線走，就走入五陰境界去了。每一步工夫同三脈七輪都有連帶關係，反正天生有這個身體，身心兩個一體，心物是一元的，所以都有關聯。大概只能給你們講到這樣，聽懂了吧？

又有人問了，三脈七輪同十六特勝受喜、受樂有沒有關係嗎？有關係。所以十六特勝有個「除諸身行」；我也提醒你們注意，既然除掉「身行」，沒有身體感覺了，身見沒有了，後來怎麼又有一個「受諸心行」呢？那個受是什麼呢？這就不同了；因為到了「受諸心行」時，同這個「身行」連在一起，就到四禪境界了，是這樣的道理。今天，我們這一會難得，到這裏為止了，可以了，你們回去慢慢消化吧。

像這些問得好，如果不問，我也沒辦法給你們講。你們學人不開口，永遠像辛師一樣，他也不問，我問他他也不響，他就跟我對抗起來了。嘿嘿，我最喜歡他坐在那裏拿本書看的樣子，很有意思。你說他是在看書嗎？他根

本不在看，拿本書弄弄弄。我怎麼曉得他不看書？因為書掉了他也不管，旁邊有一本再拿來，他永遠在看書，書永遠看他。

所以藥山禪師不准人家看經典，他自己在看經典時，人家問他，「老和尚，你不准大家看經典，你怎麼看經典？」「你們看經啊，把牛皮都看穿，我看經，是拿來遮遮眼睛的。」呵呵！辛師拿來遮眼睛。對不對？辛師啊！我判你的罪行承認不承認，服氣不服氣啊？他不說話，你拿他沒有辦法。

講到氣脈，忽然想起這頂帽子，你看這個玩意很好玩吧！（眾笑）很像密宗講的兩重寶蓋，臍輪上來到心脈，一重；喉輪和頂輪是一重。這帽子是他們到周莊玩買的，是樹葉子做的，等一下我給你帶回少林寺，曬太陽的時候做草帽戴戴，翻過來做官帽戴，你看多好的寶貝啊（眾笑）！可是路上很難保存，碰到不對就碎了，要保護好，不保護好，氣脈散了就完了。所以他問到氣脈，就想到這個。你看這樣一個玩意，變化萬千，那麼多變化，那麼輕靈；那也是氣脈問題啊！

教你們修安那般那，修到最高處如何，我們做個結論，引用禪宗達摩祖

師的師父——般若多羅尊者的話，同安那般那有關係。

「祖因東印度國王請齋次，王乃問：諸人盡轉經，師獨為何不轉？祖曰：貧道出息不隨眾緣，入息不居蘊界，常轉如是經百千萬億卷，非但一卷兩卷。」

「東印度國王請齋次」，「次」就是那個時候。東印度靠雲南、緬甸、泰國這一邊了。皇帝請千僧齋，請了這些和尚來，每一個和尚都在念咒子念經來感謝。「王乃問，諸人盡轉經」，你看他們這些師父，嘴裏都在念經念咒，「師獨為何不轉？」你嘴巴都不動，沒有念哎，不念經不念咒。注意喲！看祖師怎麼答！「貧道出息不隨眾緣，入息不居蘊界」，「蘊界」就是身體內外，空中來空中去，一切不停留，無著無住。「常轉如是經，百千萬億卷」，他說我隨時隨地在轉經念經，每天百千萬億卷啊！「非但一卷兩卷」，不是念一遍兩遍《金剛經》而已。你修安那般那，修到祖師一樣，「出息不隨眾緣，入息不居蘊界」，那就好了。

這裏要注意了，所以說起心動念，你們不是問到「心意識」嗎？

「心」，起心有意，「意」是心的第二重投影；「識」，分別意識等等，是第三重投影。每天你自己覺得心裏妄想多，你已經瞭解一點點，至於有多少妄想你還看不出來。所以你們看看禪經，佛告訴我們一彈指之間，這個意識有九百六十轉在變化，我們定力不夠，只看到自己思想多，你還沒有看到一彈指之間，這個意有九百六十轉，晝夜之間，十三億的意，每一意有一身。像中國的人口一樣，一晝一夜，有十三億的妄想在轉動，你自己都不知道。心不自知，不知道自己在轉，除非有定力有修持的才看得出來。所以你們閉關專修就搞這些，要查清楚，不是光在理上查清楚，要自己看清楚。

所以「識不自知，心也不自知」，自己看自己看不清楚，而「意」可以轉成一身，變成一個身體。所以現在科學家在身上抽出來一個細胞，又可以變成一個人出來。「意」可以成一個身，所以修成功了，意念一動有百千萬億化身，叫「意生身」。

最後告訴你們這些道理，慢慢去參透，先把資料記住，不要靠本子。像你們靠本子記，太討厭了。用本子記就不會像我一樣，能夠亂講。我給你講

的時候，又不是看本子講的。你們除了本子記，就什麼都講不出來，問你記得嗎？你說記得。「在哪裏？」「那個本子上。」那有啥子用啊！

好了，這是最後供養，用祖師的話供養你們大家。可以休息了，你們講一點笑話給我聽吧。不要磕頭，不要頂禮，「是法平等」，你們明天上午動身嗎？

古道師：明天早晨八點半的火車。

南師：早晨六點鐘就要去火車站囉！

古道師：七點出發就可以了。

南師：明天晚上這個時候到嵩山沒有？（答：到鄭州）到少林寺還要多少時間？對啊，你們明天，古道師、癸師你們兩個跟著一路是吧？

這一次，什麼禪堂規矩，如何主持，都沒有講。禪堂的問題，我看你們明年到廟港來看一下禪堂，當場在那裏演習，再說啦！所以先叫你們不要隨便花錢。噢，有一點，你要求的「禪堂」兩個字，我給你寫，會寫「禪堂、參堂」，最好給你寫一副對子，好不好？但是，我希望你們不要隨便建築，

花了錢再拆掉，冤枉吧。寧可研究好，構想完備一點。

古道師：那個禪堂還沒有設計，在做基礎。

南師：輕鬆一下，我們這裏沒有什麼形式，不拘形式。他們明天一早走，就要早準備啊，早一點休息吧！

答問青壯年參禪者

建議售價・390元

講　　述・南懷瑾
出版發行・南懷瑾文化事業有限公司
　　　　　網址：www.nhjce.com
董 事 長・南國熙
總 經 理・饒清政
總 編 輯・劉雨虹
編　　輯・古國治　釋宏忍　彭　敬　牟　煉
記　　錄・張振熔
校　　對・王愛華　歐陽哲
代理經銷・白象文化事業有限公司
　　　　　台中市402南區美村路二段392號
　　　　　經銷、購書專線：04-22652939　傳真：04-22651171
印　　刷・基盛印刷工場
版　　次・2017年4月初版一刷

設計編印 白象文化
www.ElephantWhite.com.tw
press.store@msa.hinet.net
總監：張輝潭　專案主編：陳逸儒

國家圖書館出版品預行編目資料

答問青壯年參禪者／南懷瑾著. －初版.－臺北市：
南懷瑾文化，2017.4
　面：　公分.
ISBN 978-986-93144-6-6（平裝）
1.佛教修持
225.7　　105013728